Strategie dei Geni

3 Libri in 1

Tecniche di psicologia usate da Albert Einstein, Leonardo Da Vinci e Sherlock Holmes per migliorare memoria, intelligenza, comunicazione, soft skills, autostima e disciplina

Roberto Morelli

Indice

Pensa come Leonardo

Impara come Einstein

Ragiona come Sherlock

Capitolo 1

Capitolo 2.

Capitolo 3.

Come sviluppare la tua abilità di pensiero critico   271

Capitolo 4.

La scienza della deduzione   279

Capitolo 5.

L'attico mentale di Sherlock Holmes   285

Capitolo 6.

Come interpretare la personalità altrui   291

Capitolo 7.

Come pensare fuori dagli schemi   333

Pensa come Leonardo

Segreti e tecniche per potenziare la mente,
scoprire i tuoi talenti e ottenere risultati
straordinari

Introduzione

Chi era Leonardo da Vinci? Tutti lo sappiamo. O, forse, crediamo di saperlo.

Identifichiamo infatti il grande genio italiano con le opere che più ci hanno colpito della sua produzione, o semplicemente quelle che abbiamo studiato a scuola e ci ricordiamo. La *Gioconda*, certo. L'*Ultima cena*. Leonardo però era molto di più di un pittore, era anche un ingegnere. E un architetto. E un inventore, un ritrattista, uno scultore, un musicista... e la lista potrebbe proseguire oltre.

Quello che forse si perde di vista, a volte, celebrando il genio di Leonardo è la fantastica varietà di forme in cui esso si è dimostrato. Scorrendo l'elenco delle sue opere non si può non rimanere basiti dalla quantità e varietà delle stesse... E dal numero di quelle incompiute.

Siamo abituati a valutare le persone dai loro risultati, ci dimentichiamo troppo spesso che c'è anche altro. C'è tutto ciò che a quei risultati ha portato; tutti i contributi a opere portate avanti o realizzate da altri, in un secondo tempo, tutta l'ispirazione che l'operato di una persona ha fornito a contemporanei e posteri.

Affrontare Leonardo in maniera onesta significa proprio questo: tirarlo un attimo giù dal piedistallo per scoprire la meraviglia di tutto ciò per cui non viene primariamente ricordato, celebrato, osannato; un mondo strabiliante di creatività i cui limiti è difficile individuare.

Leonardo è stato un genio ma, se lo si guarda sotto la giusta luce, soprattutto uno straordinario esempio delle altezze che la mente umana può raggiungere... Se opportunamente adoperata. Il segreto è tutto qui: utilizzarla nella maniera corretta. Ma se un esempio di tale grandezza è esistito, perché non prendere spunto?

Muove da questi presupposti il seguente volume: cercare di capire *perché* Leonardo sì e molti altri no. Cosa lo rendeva unico nel suo genere? Possiamo imparare qualcosa dalla sua opera? E dalla sua vita? Possiamo applicare i suoi metodi e tecniche anche nella nostra vita quotidiana e lavorativa?

In breve, la risposta è sì, eccome! Leonardo ha tantissimo da insegnarci e il suo è un prezioso esempio che travalica i limiti del tempo. Perché ciò che ha fatto lui per gran parte inconsapevolmente, possiamo farlo noi con la consapevolezza di chi vuole vivere una vita più creativa. Che non significa esclusivamente dipingere un ritratto degno del Louvre o scrivere una composizione polifonica; essere creativi è un modo d'essere che può dare enormi benefici in tutti i campi, non solo in quelli artistici. Nel lavoro come nella vita di tutti i giorni, per risolvere delicatissimi problemi o per godersi appieno un hobby appassionante.

Noi abbiamo un grosso vantaggio su Leonardo: conosciamo la mente meglio di lui. C'è chi l'ha studiata affinché noi oggi potessimo beneficiare di conoscenze pratiche e tecniche facilmente applicabili per migliorare le nostre prestazioni mentali.

Iniziamo allora questo viaggio nella mente di Leonardo con uno sguardo alla sua opera e alla sua vita, indispensabile per capire i meccanismi alla base di caratteristiche personali di successo che l'hanno reso quell'esempio che oggi è per artisti e studiosi dei più svariati campi. Nonché per tantissime persone comuni, che desiderano prendersi cura del bene più prezioso che possediamo: una mente pensante.

Nella seconda parte del volume, invece, vedremo come applicare le strategie, i metodi e le tecniche utilizzate da Leonardo stesso per pensare fuori dagli schemi e ottenere risultati straordinari.

Un avviso: ci sarà da rimboccarsi le maniche. Perché essere persone di talento, menti creative, è frutto di un sapiente mix di conoscenza, impegno, volontà e intuito. Alla portata di tutte le menti curiose che hanno voglia di divertirsi mettendosi in gioco, alla scoperta delle potenzialità sopite della propria mente.

Capitolo 1: Alla scoperta di Leonardo, genio universale

1.1 La vita

Leonardo di ser Piero da Vinci nacque il 15 aprile 1452 ad Anchiano, frazione di Vinci, nella casa dove abitava il padre Piero, giovane notaio. Figlio di una relazione illegittima tra il padre e la giovane Caterina, donna di estrazione sociale modesta, il piccolo Leonardo fu accolto nella casa della famiglia paterna e, negli anni seguenti, visse con il padre e la donna che costui prese in moglie.

A Leonardo non fu somministrata un'educazione organizzata e formale; nella prima infanzia fu educato a casa dal nonno e da altre figure che ruotavano attorno alla famiglia e crescendo manifestò da subito la sua indomabile curiosità. Risultava infatti difficile educarlo, proprio a causa delle continue domande che rivolgeva e delle sue continue messe in dubbio di ciò che doveva apprendere.

Mancino di nascita, Leonardo imparò a scrivere in maniera assai peculiare: procedeva infatti da destra a sinistra, in modo tale che ciò che scriveva fosse comprensibile solo se riflesso in uno specchio. In seguito, negli anni della giovinezza fu certamente istruito all'utilizzo della mano destra per la scrittura: è noto da tempo che Leonardo dipingeva con entrambe le mani, scoperte recenti hanno dimostrato che sapeva anche scrivere con calligrafia elegante e ricercata sia con la mano sinistra sia con la destra.

Quanto alla scrittura peculiare, suo tratto distintivo, ci sono due diverse interpretazioni: a quella che vuole questo tipo di scrittura come istintivo e appreso nella primissima infanzia come conseguenza dell'essere mancino, si contrappone quella che sostiene che questa ricercata e ingegnosa scrittura fu scelta appositamente dal Leonardo adulto a scopi di segretezza, per non rendere immediatamente intelligibile il contenuto dei suoi scritti. Sia come sia, certamente questo è il primo evidente tratto distintivo del giovane genio: Leonardo visse in pieno Rinascimento, epoca in cui certamente scrivere "al contrario" non era pratica diffusa!

Gli anni dell'infanzia e dell'adolescenza Leonardo li trascorre dunque nel piccolo borgo di Vinci, intento ad osservare il mondo circostante e a tentare di riprodurlo nei suoi disegni. Fu proprio il talento per il disegno il primo a palesarsi e a catturare l'attenzione paterna.

Constatate queste sua capacità e soprattutto il suo desiderio di esprimersi attraverso l'arte, il padre Piero indirizza un Leonardo diciottenne verso Firenze, allo scopo di mandarlo a bottega da qualche artista affermato.

Ai tempi infatti il modo migliore – e quasi l'unico – per imparare una professione era quello di andare a bottega da un professionista affermato: tale era Andrea del Verrocchio, pittore e scultore, presso la cui bottega passavano molti talenti emergenti, tra cui appunto Leonardo. Questo fu un momento importante nella formazione artistica del giovane Leonardo: la bottega del Verrocchio era un ambiente culturale stimolante, dove poteva misurarsi con i suoi coetanei, apprendere tecniche nuove, cimentarsi nella copia dal vero, trovare risposta a molte delle sue domande. Presso il Verrocchio Leonardo affinò le sue abilità nel disegno e, cosa importante, apprese un codice artistico che ne caratterizzerà le opere degli anni successivi; qui trovò inoltre pane per i suoi denti per quanto riguarda altre discipline, quali meccanica, ingegneria e architettura, poiché la bottega era un catalizzatore di arti, interessi e personalità varie.

Il giovane Leonardo, poco più che ventenne, a Firenze trovò modo di inserirsi in un contesto sociale e artistico molto vivace; a questi anni appartengono le prime opere che gli sono state attribuite e sempre a questo periodo risalgono le prime commissioni private. Questa forma di lavoro caratterizzerà l'opera di Leonardo per tutta la sua vita, perfettamente in linea con la prassi rinascimentale; Leonardo inizia dunque giovanissimo ad accettare commissioni private da importanti famiglie fiorentine e a spianarsi la strada per le collaborazioni che ne segneranno vita e opera: quella con la potente famiglia dei Medici, prima, e quella con i milanesi Sforza, poi.

Le commissioni private danno modo a Leonardo di sperimentare anche nella pittura, staccandosi in parte dai canoni appresi presso la bottega del Verrocchio: il genio vinciano proporrà sempre nelle sue opere il linguaggio comune appreso a bottega, ma reinterpretandolo e integrandolo con influssi provenienti da differenti scuole artistiche.

Negli anni '80 del Quattrocento Leonardo si aggiudica le prime commissioni pubbliche e si avvicina alla famiglia de' Medici. Pare che l'ingaggio avvenne tramite la richiesta di una consulenza riguardo ad alcune opere militari e ingegneristiche, importante testimonianza del fatto che il genio di Leonardo si stava già orientando in molteplici direzioni. Difatti, grazie alla frequentazione di Lorenzo il Magnifico, Leonardo fu inviato nella moderna e popolosa Milano al fine di stupire Ludovico il Moro con il suono della sua lira, che Leonardo stesso aveva costruito, in argento, in parte a forma di testa di cavallo. Le cronache tramandano che non solo la suonò, ma superò per bravura tutti i musici di corte.

A Milano Leonardo trovò il suo ambiente ideale e vi si trattenne a lungo. Milano gli era più congeniale di Firenze proprio perché più si addiceva al suo spirito curioso e al suo talento poliedrico: grazie alle continue campagne di guerra, nella città lombarda giungevano costantemente novità, delle quali Leonardo era affamato.

Il riconoscimento del suo genio a Milano non fu immediato ma nella città lombarda, grazie a Ludovico il Moro, Leonardo trovò pane per i suoi denti e si cimentò in opere idrauliche, progettazione di macchine da guerra, scenografie per spettacoli teatrali, oltre a portare avanti numerose opere pittoriche. Si data a questo periodo l'inizio della sua passione per il ritratto, terreno di applicazione ideale degli studi di anatomia che aveva condotto a Firenze anche tramite l'esecuzione di autopsie, pratica ritenuta quasi blasfema all'epoca, che gli permisero di studiare a fondo il corpo umano.

A Milano Leonardo dipinse, tra gli altri, la *Dama con l'ermellino*, l'*Ultima cena* e la *Vergine delle rocce*. Al periodo milanese risale anche il progetto della monumentale statua equestre per Francesco Sforza, minuziosamente progettata da Leonardo che studiò a lungo l'anatomia equestre ma purtroppo mai realizzata per mancanza del bronzo necessario a trasformare il modello di terracotta realizzato da Leonardo in statua vera e propria (la minaccia francese palesatasi di colpo sulle teste dei signori di Milano condusse alla più pragmatica decisione di fondere il bronzo necessario per la statua e ricavarne cannoni).

Con l'avvio della guerra contro la Francia, Leonardo fu costretto a lasciare Milano, vagando per l'Italia centrale fino a trovare momentaneamente casa presso Cesare Borgia, che lo assunse in qualità di architetto e ingegnere militare: per lui Leonardo progettò alcune delle sue famose macchine volanti e strumenti per la guerra sottomarina, oltre a mettere a punto un nuovo tipo di polvere da sparo.

Agli inizi del Cinquecento, oltre a cominciare la realizzazione della *Gioconda*, il capolavoro di una vita, Leonardo approfondì il suo interesse per il volo e l'anatomia degli uccelli: il *Codice sul volo degli uccelli* del 1505 contiene il progetto della sua migliore macchina per volare, il Grande Nibbio.

Lo studio lo accompagnò negli anni successivi, passati per la maggior parte in Francia, ad Amboise, chiamato dal re in persona come "primo pittore, architetto e meccanico"; visse serenamente gli anni fino alla morte, avvenuta nel 1517, portando avanti gli studi soprattutto nel campo dell'anatomia umana.

1.2 Un genio poliedrico

Perché è così noto Leonardo? Ci avete mai pensato?

Certamente, la *Gioconda* e l'*Ultima cena* hanno avuto il loro enorme peso sulla sua notorietà. Ma come non citare il disegno dell'*Uomo vitruviano*, le sue avveniristiche macchine per il volo, le altrettanto rivoluzionarie macchine da guerra, o i suoi fantastici disegni di anatomia umana?

Leonardo per tutti noi non è un pittore, un ingegnere, un inventore straordinario; è tutto questo e molto di più: è un genio universale.

Ciò che più apprezziamo e ammiriamo in Leonardo da Vinci è la straordinaria plasticità del suo ingegno, che l'ha portato a essere punto di riferimento per la sua epoca in molteplici ambiti artistici e scientifici. Leonardo è... Leonardo, appunto, e oggi, a mezzo secolo di distanza dalla sua morte, ne celebriamo il genio a tutto tondo, la personalità, le sfaccettature del suo ingegno.

Leonardo è nato con un ingegno multiforme, ma è anche un fantastico esempio di come si possa coltivare una moltitudine di talenti, nel corso della vita, riuscendo a eccellere in più di un campo.

Dotato di grande intelletto, il giovane Leonardo non seguì un percorso accademico prestabilito e i suoi primi talenti si palesarono in maniera naturale, come attitudini, proprio come succede a ognuno di noi nel corso dell'infanzia e della giovinezza: passione è la parola chiave.

Gli anni dell'infanzia e della prima giovinezza Leonardo li trascorse nel piccolo borgo di Vinci, senza quindi gli stimoli e le opportunità che una città può offrire. Il suo talento, giovane e acerbo, cominciava a palesarsi e si indirizzò da subito nella direzione del disegno: Leonardo osservava il mondo circostante, in particolar modo la natura, e provava a riprodurlo. Con ossessione quasi maniacale del particolare: il disegno, dunque, come strumento di indagine e non solo riproduzione fedele della realtà.

Sono le basi di quello che diventerà il metodo di indagine preferito del Leonardo maturo: l'osservazione approfondita del reale, tesa a svelarne le leggi, carpirne i segreti. Nonché della sua ossessione, vale a dire quella ricerca costante della perfezione che ne caratterizzerà l'opera sino alla fine dei suoi giorni. Sapete che per Leonardo un'opera raramente poteva dirsi conclusa? Continuò a lavorare alla sua opera più famosa, la *Gioconda*, per quasi vent'anni, non riuscendo mai a dare la pennellata finale.

Trasferitosi a Firenze Leonardo, neanche ventenne, ebbe finalmente modo di appagare le sue innumerevoli curiosità in campo architettonico, ingegneristico, meccanico e fisico grazie alla frequentazione della bottega del Verrocchio; lì si insegnava disegno e scultura, ma non mancavano le occasioni di apprendere nozioni di fisica e architettura, meccanica e ingegneria. La possibilità di confrontarsi con altri giovani talenti fu fondamentale per Leonardo, così come l'opportunità di cogliere occasioni uniche per saziare la sua sete di sapere, occasioni che solo un ambito cittadino poteva offrire.

È il caso dell'effettuazione delle autopsie presso l'ospedale di Firenze: Leonardo coltivò per tutta la vita una vera ossessione per l'anatomia umana, che lo affascinava al punto da volerla "rivoluzionare", rendendo palese con disegni particolareggiati ciò che, tramite lunghe spiegazioni scritte, chiaro e palese non appariva. La possibilità di dissezionare corpi che avevano da poco lasciato la vita terrena gli permise un punto di osservazione unico e preziosissimo per i suoi studi, di cui gli splendidi disegni che ci ha lasciato sono la testimonianza.

Sempre a Firenze Leonardo cominciò a farsi conoscere per le sue apprezzabili idee ingegneristiche, che gli valsero la notorietà necessaria a farsi notare dall'illustre famiglia de' Medici, il cui esponente più noto, Lorenzo il Magnifico, lo volle alla sua corte e fu determinante per il trasferimento di Leonardo a Milano.

Leonardo si presentò alla corte degli Sforza con una lettera che può essere paragonata a un nostro odierno curriculum: e indovinate un po', le competenze artistiche relative a pittura e scultura, quelle per cui poteva vantare studi ed esperienza professionale, le elencò per ultime. Questo denota la forte voglia di innovarsi costantemente che caratterizzò sempre Leonardo. Egli era uno, nessuno e centomila, per parafrasare Pirandello, ovvero non trovava mai soddisfazione nel presentarsi come "esperto in materia di...", piuttosto si fregiava dell'essere capace di soddisfare le continuamente mutevoli esigenze di un committente importante, quale era sicuramente Ludovico Sforza.

Questa lettera-curriculum lo ritraeva come esperto di architettura, ingegneria, apparati militari, opere idrauliche: saper valorizzare i propri talenti era una cosa che Leonardo sapeva fare molto bene, e che anche noi vedremo, nel corso del libro, come imparare a fare.

Milano, già allora città ricca di modernità e cultura, offrì a Leonardo molteplici occasioni per cimentarsi in tutto ciò che egli amava: architettura (esegue un progetto per il tiburio del Duomo), opere idrauliche, invenzioni di vario tipo (scenografie per le nozze di Gian Galeazzo Maria Sforza e Isabella d'Aragona) e naturalmente la pittura.

Non credete che nel campo della pittura Leonardo fosse ormai serenamente adagiato sugli allori: sempre alla ricerca di tecniche differenti e innovazioni da apportare alla raffigurazione e ai materiali, Leonardo sperimentava materiali diversi a volte allungando oltremodo i tempi di consegna di un'opera, oltre a metter mano costantemente alle proprie opere al punto di far fatica a dichiararle finite. Celeberrimo è il caso de l'*Ultima cena*, per dipingere la quale Leonardo ricorse a una tecnica sperimentale che però, purtroppo, subì pesantemente l'azione dell'umidità, con il risultato che l'opera è stata sottoposta a continui e frequenti restauri nel tentativo di preservarne lo splendore.

1.3 Le sue opere più note

Come pensava Leonardo?

Uno sguardo alla sua multiforme produzione può gettare una prima luce sul processo creativo sottostante alla sua opera.

La prima evidente prova di un talento

multidisciplinare ce lo dà lo stesso elenco delle sue opere: Leonardo, al contrario di ciò che si potrebbe pensare, non si specializzò mai.

È vero, la sua opera più nota è la *Gioconda*, ammirata da migliaia di persone ogni giorno al Louvre di Parigi, seguita forse, in un'ideale classifica, dall'*Ultima cena* affrescata sulle pareti del convento di Santa Maria delle Grazie a Milano; ma definire Leonardo solamente come un pittore sarebbe davvero irrispettoso nei confronti del suo genio.

Leonardo è stato un genio, semplicemente: il termine 'artista' sarebbe riduttivo, in quanto sembrerebbe tagliare fuori l'enorme contributo che ha dato al mondo scientifico. E proprio l'equilibrio tra scienza e arte, tra emozione e razionalità, può essere la chiave di lettura ideale per la sua vita e la sua opera.

Il suo debutto nel mondo della creazione avviene tramite il disegno. Era un fanciullo Leonardo, certo, ma già si rapportava a questa pratica come a uno straordinario strumento conoscitivo della realtà: egli voleva quasi carpire la natura della realtà stessa, svelarne il funzionamento attraverso il suo tratto di matita.

Le prime opere a noi note risalgono al periodo in cui Leonardo era attivo a Firenze, prima presso la bottega di Andrea del Verrocchio e poi in maniera indipendente: *Madonna del Garofano* e *Ritratto di donna* mostrano già i primi tratti tipicamente leonardeschi della verosimiglianza, ottenuta attraverso l'utilizzo dello *sfumato* e di particolari dettagliati al limite del maniacale.

Osservando la natura Leonardo aveva scoperto, per così dire, che la linea non esiste: eliminando i contorni netti dai suoi dipinti e prediligendo lo *sfumato*, compiva una rivoluzione dalla portata storica, introducendo il verosimile e il chiaroscuro nella pittura rinascimentale. I suoi studi sull'anatomia umana e sul mondo naturale facevano il resto, aumentando la verosimiglianza dei suoi dipinti grazie a dettagli studiati accuratamente, senza lasciare nulla al caso.

La *Madonna Benois* e l'*Adorazione dei Magi* (incompiuta) sono opere pittoriche anch'esse risalenti al periodo fiorentino. Nell'*Adorazione* Leonardo dipinge 79 volti umani, uno diverso dall'altro, ognuno con una sua espressione e identità. Un risultato pazzesco, impossibile senza il continuo studio da parte sua dell'anatomia e della figura umana.

Ma in questo periodo Leonardo è attivo anche sotto altri fronti, come mostrano i numerosi *studi* che egli produce: studi prospettici per la realizzazione di opere pittoriche, studi di fiori, studi di dispositivi di difesa e di strumenti idraulici.

Gli *studi* leonardeschi sono ciò che gli permette di eccellere anche negli altri campi: è la sua propensione a "spaccare il capello in quattro" a conferirgli una marcia in più, la sua tensione indomabile a ricercare la verità delle cose si estrinseca nella pittura attraverso forme e paesaggi che colpiscono per il realismo. Leonardo dipinge ciò che vede, e ciò che vede passa attraverso il filtro formidabile di una mente che vaglia, processa, elabora, sottopone a verifica ogni dato reale.

Esempio magnifico dell'applicazione di accurati studi dal vero è una delle opere più importanti di Leonardo, purtroppo rimasta incompiuta: il *Monumento equestre a Francesco Sforza*, monumentale statua di bronzo che doveva raffigurare un cavallo nell'atto di impennarsi e gettarsi addosso al nemico. Per realizzare il modello in terracotta, Leonardo si recò numerose volte in diverse scuderie per osservare e studiare dal vero i cavalli in movimento.

La *Vergine delle Rocce* e la *Dama con l'Ermellino* sono due famosissimi dipinti che risalgono al periodo milanese, nel quale Leonardo è molto attivo sul fronte degli studi anatomici, molteplici sono infatti i disegni di teste, parti del corpo, corpi in movimento; questo studio culminerà nel disegno su carta dell'*Uomo vitruviano*, simbolo leonardesco, rinascimentale e in ultima analisi italiano per eccellenza. Uno schizzo su carta che oggi si trova raffigurato su tutte le monete da un euro. Non male per un "bozzetto"!

Ludovico il Moro, committente principale di Leonardo nel periodo milanese, gli commissiona l'altro celeberrimo capolavoro: l'affresco dell'*Ultima cena*, nel refettorio del convento di Santa Maria delle Grazie. Poteva Leonardo realizzare un affresco nella maniera tradizionale? Assolutamente no. E infatti per il cenacolo Leonardo si inventa una tecnica nuova, mista (tempera su intonaco), derivante dagli studi da lui effettuati su quali fossero i migliori materiali per rendere al meglio le sfumature della luce.

Appartiene al periodo tardo della sua produzione la "Monna Lisa" o *Gioconda*, il ritratto per eccellenza, iconico dipinto realizzato da Leonardo a partire dal 1503. Nel 1516 lo porta con sé in Francia, chiamato alla corte del re Francesco I, e in tutti questi anni continua a metterci mano, rivedendo più volte lo sfondo, quel panorama dettagliatissimo e affascinante che da secoli tiene in scacco gli storici dell'arte, che ancora non sono concordi con l'attribuirgli una realtà geografica. Ciò che è certo è che la *Gioconda* rompe gli schemi sinora conosciuti del ritratto: per la posa della figura – di tre quarti – molto dinamica per il tempo, per il suo sorriso enigmatico, per quel paesaggio retrostante sospeso tra realtà e immaginazione, minuziosamente dettagliato, con una fedeltà al dato naturale impressionante.

Ciò che più impressiona della produzione degli ultimi anni di Leonardo è la mole di *studi*: egli studia senza posa il corpo umano, gli animali, la flora, la geometria, spazia dal reale all'immaginario (disegna meravigliosi draghi), mostra un'insaziabile curiosità, al pari di quando era un bambino.

Un talento mai domo, una mente mai ferma.

Abbiamo visto le opere principali nel campo della pittura e della scultura. Ma abbiamo iniziato lodando il genio multiforme di Leonardo: nell'elenco delle sue opere non possono dunque mancare le invenzioni, per la maggior parte incompiute o mai realizzate, con le quali il grande genio toscano anticipò di secoli la storia. E non è un'espressione esagerata.

Le invenzioni sono raccolte nei famosi *Codici*, il più noto dei quali è il *Codice Atlantico* conservato nella Biblioteca Ambrosiana di Milano. 1751 disegni in cui Leonardo esplora quasi tutti i campi del sapere.

Vogliamo parlare di precorrere i tempi? Leonardo progettò e disegnò la vite aerea, un marchingegno che, azionato da quattro uomini, si sarebbe potuto librare in volo grazie all'avvitamento: ciò che fa il moderno elicottero grazie all'elica. Sempre in tema di volo umano disegnò numerose macchine volanti, specificando tutti i dettagli del progetto e rivedendolo più volte al fine di eliminarne i difetti costruttivi, e abbozzò lo schizzo di un paracadute: costruito e testato quasi 500 anni dopo secondo le sue specifiche, il paracadute leonardiano ha dimostrato di funzionare.

Applicò il suo ingegno anche alle macchine da guerra, disegnando nei suoi *Codici* l'antenato del moderno carrarmato (una macchina corazzata capace di sparare in otto direzioni), una rudimentale mitragliatrice (un cannone a 33 canne) e il progetto per una muta da palombaro che avrebbe consentito agli uomini di sabotare di nascosto la flotta avversaria.

Ciò che forse più stupisce sono i progetti per le automazioni: disegnò un meccanismo in grado di azionare braccia e testa di un cavaliere-automa, una specie di antenato di androide, e progettò e costruì una macchina automatica (potremmo definirla l'antenata dell'automobile) e un leone di legno meccanico, in grado di camminare da solo, che donò al re di Francia Francesco I.

La macchina automatica, in grado di muoversi da sola e il cui percorso era programmabile, serviva "solo" come trucco scenografico, ma ciò non toglie il valore assolutamente rivoluzionario per l'epoca.

1.4 Leonardo uomo del Rinascimento

Abbiamo accennato al fatto che Leonardo fosse privo di una formazione accademica istituzionale. In realtà, egli probabilmente non frequentò mai le scuole, in quanto figlio illegittimo, dunque tutto ciò che sapeva lo imparò da autodidatta, nell'infanzia con l'aiuto del nonno e dello zio.

Già questo a noi sembra quasi una bestemmia: un genio illetterato?

Leonardo stesso non nasconde la cosa, anzi più volte afferma la sua ignoranza "classica", arrivando a definirsi, con sue stesse parole, *"omo sanza lettere"*, poiché non conosceva né il greco né il latino.

Come si concilia quest'immagine con l'epoca in cui Leonardo visse?

Il Quattrocento e il primo Cinquecento sono, in Europa e in Italia soprattutto, il periodo del Rinascimento. La riscoperta dei canoni classici nell'arte e nella letteratura dà vita a un rinnovamento artistico e culturale che abbraccia tutte le discipline del sapere; è un periodo rivoluzionario, in cui fioriscono gli studi e l'arte raggiunge picchi che sarà difficile eguagliare nei secoli successivi, proprio grazie alle novità introdotte da studi multidisciplinari.

Il Quattrocento è anche il secolo che riporta l'uomo al centro: della vita, della natura, del cosmo. Una rivoluzione, dopo secoli di oscurantismo medievale.

Immaginiamoci ora Leonardo, privo di istruzione formale, "omo sanza lettere", in questo panorama. Sembra un controsenso a pensarci, eppure questo uomo "illetterato" ha rivoluzionato quasi tutti i campi del sapere ed è assurto a simbolo stesso del Rinascimento italiano.

Bisogna infatti partire dal concetto che sta alla base del Rinascimento, prescindendo dalle regole e dai canoni rinascimentali delle singole discipline: l'uomo al centro. Leonardo è rivoluzionario in ciò: pensate per un minuto alle sue invenzioni, alle sue trovate, ma anche ai suoi dipinti... L'*Uomo vitruviano* è l'esempio perfetto di come Leonardo prende l'uomo e lo rimette al centro di tutto.

Grazie alle sue scoperte e invenzioni, Leonardo rende

possibile l'impossibile rendendo l'uomo davvero capace di elevarsi sul cosmo, quasi di sfiorare il divino – volare non è forse il tentativo di conquistare quel regno che all'uomo era da sempre stato proibito?

La ricerca e l'indagine di Leonardo nel mondo del reale parte dall'uomo e all'uomo ritorna. Leonardo come misura del mondo ha sé stesso e per lui la realtà è interessante solo in quanto conoscibile dall'uomo: attraverso osservazioni ed esperimenti, la riduce a qualcosa di tangibile, manipolabile, controllabile. Si pensi alle sue opere idrauliche, ai progetti per le macchine da volo o quelle subacquee, ma anche, più semplicemente, ai suoi approfonditi studi di anatomia. Con il suo sapere messo a disposizione di tutti, Leonardo potenzia l'uomo, lo rende capace, gli dà strumenti fino a quel momento sconosciuti: i suoi studi sul corpo umano sono rivoluzionari per la medicina dell'epoca, i suoi disegni portano a nuove scoperte in campo medico, nuove pratiche, nuove possibilità.

Leonardo è rinascimentale anche in quanto avido di sapere: crede fermamente che la conoscenza non possa avere limiti, la sua stessa opera ne è un esempio, con la sua ricerca continua, appassionata, curiosa, con gli studi portati avanti sino alla fine dei suoi giorni, senza mai pensare che non avesse senso continuarli. Tutto aveva senso, anzi il compito dell'uomo rinascimentale, dello studioso, era proprio questo: trovare un senso alla realtà attraverso spiegazioni logiche.

Ecco perché per Leonardo è importante la teoria ma fondamentale la pratica: nessuna risposta può dirsi soddisfacente se non è supportata da una o più spiegazioni logiche. E il suo compito, il compito dell'uomo, è proprio quello di trovare spiegazioni dimostrabili, razionali, per poter conoscere il mondo e, laddove opportuno e possibile, piegarlo al proprio volere.

Leonardo abbatte le barriere in nome della conoscenza. L'uomo vitruviano è lui stesso, al centro, finalmente, di entrambi i mondi: quello spirituale, rappresentato dal cerchio, e quello terreno, rappresentato dal quadrato. Abbattere le barriere significa pensare fuori dagli schemi, non fermarsi davanti ai pregiudizi, spingere lo sguardo sempre più a fondo, certi che la verità, se opportunamente cercata, verrà rivelata.

Sezionare i cadaveri per assistere di persona alle reazioni che avvengono dopo la morte è un passo necessario e profondamente rivoluzionario che Leonardo compie sulla strada della conoscenza dell'anatomia umana; così come rivoluzionario è divulgare la conoscenza appresa tramite disegni, tralasciando la scrittura. Ma questo deve fare il "nuovo" uomo rinascimentale: andare oltre, spingersi laddove prima non era consentito.

Leonardo lo fa in tutti i campi in cui si applica: vogliamo forse tralasciare la portata innovativa dei panorami che dipinge a sfondo dei suoi meravigliosi ritratti? O l'importanza della raffigurazione iperrealistica di volti e corpi umani nei suoi quadri più famosi?

Eccolo, l'uomo rinascimentale. Ed ecco il più grande lascito di Leonardo all'uomo contemporaneo. Non fermarsi mai, davanti a niente, perché con lo sguardo giusto tutto può essere conosciuto. Con i mezzi adeguati qualsiasi traguardo può essere raggiunto. Leonardo fallisce molte volte, ma mai si ferma. Prende atto, trae i dovuti insegnamenti e mette nuovamente mano ai suoi progetti, sicuro che prima o poi troverà il modo giusto per fare ciò che ha immaginato di poter fare.

Cinquecento anni dopo la sua morte alcune delle macchine da lui progettate sono stare costruite. E hanno funzionato. Era un mago? Niente affatto. Era un uomo che aveva capito come indagare la realtà, come semplificarla al fine di comprenderla.

Per Leonardo l'uomo non ha limiti. Ciò che lui sogna e immagina sa di poterlo realizzare. Di questo grande lascito dobbiamo e possiamo fare tesoro nella vita di tutti i giorni: pensare in grande. Se si parte da un pensiero grande, ambizioso, e si continua a crederci, una via si troverà. Basta osservare con attenzione, come ci ha insegnato Leonardo.

1.5 La perfezione mai perfetta

Si dice di Leonardo che fosse un gran procrastinatore. Illazione o verità?

Ciò che è certo è che era spesso in ritardo sulle consegne dei dipinti e in generale dei lavori a lui assegnati; è vero anche che alcuni non li terminò, non sempre per mancanza sua a dire il vero, capitò infatti che mancassero i fondi per finanziare la conclusione dell'opera.

L'elenco della sua produzione è però più ricco di studi, progetti e bozzetti preparatori che di opere concluse; vale la pena chiedersi: può questo rappresentare un problema?

Mettiamoci brevemente nei panni di un uomo del Rinascimento quale Leonardo era. Un uomo, peraltro, di un'umiltà esemplare, la cui opera era tesa all'indagine della realtà, a scoprirne i meccanismi per poterli divulgare, più che al raggiungimento di una gloria personale. Che difatti Leonardo non cercò mai e questo potrebbe essere una prima spiegazione delle sue molte opere incompiute: egli, semplicemente, non lavorava per la fama o per la gloria, e pur avendo dei committenti e dovendo guadagnarsi da vivere, l'unico potere in grado davvero di assoggettarlo era quello della conoscenza.

Leonardo viveva per conoscere: la sua sete di sapere era insaziabile ed è ciò che gli ha permesso di raggiungere le vette che ha raggiunto.

Proviamo allora a figurarci nella sua condizione: doveva guadagnarsi da vivere, certo, ma al tempo stesso trovare modo e tempo di soddisfare il suo desiderio di conoscere le più disparate cose. È logico pensare che Leonardo puntasse più che altro ad assicurarsi qualche ingaggio sicuro e remunerativo, per godere della libertà di esplorare i campi del sapere che più lo interessavano (vale a dire, praticamente, tutti!).

Ciò che affascina della parabola artistica di Leonardo è la libertà che egli riesce sempre a ritagliarsi nell'ambito dei progetti che intraprende: caso esemplare è quello de la *Gioconda*, ritratto – pare – della moglie di Francesco del Giocondo, Lisa Gherardini, iniziato e concluso ma... mai veramente. Leonardo infatti non lo consegnò mai al di lei marito, ma lo portò con sé in giro per l'Italia e la Francia fino a che, si ipotizza, lo vendette al re di Francia quasi un ventennio dopo averlo iniziato. Pare che Leonardo non riuscisse mai a mettere la fatidica pennellata finale.

Eppure la *Gioconda* è senza dubbio il ritratto più famoso della storia, se non addirittura il dipinto per antonomasia. Cosa ci insegna tutto ciò?

Innanzitutto, che non sempre siamo i migliori giudici di noi stessi. Spesso uno sguardo esterno può essere fondamentale per aiutarci a capire se la direzione che abbiamo intrapreso è quella giusta.

Ma soprattutto è il modo di pensare di Leonardo quello che dovremmo prendere a esempio: si può sempre fare meglio. Ciò non vuol dire perdersi in un compito senza fine, bensì riconoscere serenamente che la perfezione non esiste, che ogni opera è sempre in divenire e che ogni giorno possiamo imparare cose nuove.

Se crediamo di esserci migliorati, di avere aggiornato le nostre competenze, nulla ci vieta di mettere mano alla nostra "opera" – qualunque essa sia – e di aggiornarla: ciò che facciamo ci deve rappresentare, più che aderire a dei canoni imposti dall'esterno.

Pensare come Leonardo significa allora anche saper seguire con sicurezza il proprio istinto: credere nelle proprie idee e perseguirle, a costo di commettere qualche errore. Sano, sanissimo secondo l'ottica leonardiana, in quanto in grado di farci capire dove sbagliamo, permettendoci in futuro di non sbagliare più.

È il caso, emblematico, dell'affresco de l'*Ultima cena*. A Leonardo la tecnica dell'affresco non piaceva. Voleva introdurre una novità nelle pitture murali, la luminosità, i giochi di luce, e con la tecnica classica ciò non era possibile in quanto l'obbligo di dover dipingere piuttosto in fretta a causa dei tempi rapidi di asciugatura dell'intonaco non gli consentiva di applicare il suo modus operandi, fatto di pennellate sovrapposte, continui ritocchi, successivi interventi. Era un po' la negazione di quello stile *sfumato* che Leonardo aveva inventato.

Si inventò dunque una tecnica tutta nuova, simile a quella comunemente usata per dipingere su tela; il risultato fu stupefacente in termini di resa, deludente in termini di durata nel tempo. Ma questo, in fin dei conti, è un problema degli addetti alla conservazione di questo stupendo affresco, non di Leonardo!

Credere nelle proprie idee e soluzioni può significare anche questo: andare in direzione opposta rispetto alla massa. Leonardo credeva nelle proprie idee ed ebbe sempre il coraggio e la forza intellettuale per farlo. Il suo procrastinare, il suo non riuscire a terminare le opere era allora una sincera coerenza con le proprie idee, con il suo amore per la ricerca del vero e per la conoscenza. Semplicemente, la parola "fine" spesso non si poteva mettere perché domani ci sarebbe stata qualche nuova scoperta che avrebbe cambiato le carte in tavola.

1.6 La sete di conoscenza

Cosa spingeva Leonardo incessantemente alla ricerca di risposte?
Una fede incrollabile nella Natura, intesa in senso rinascimentale. Dobbiamo infatti inquadrare ancora una volta il contesto in cui Leonardo visse e operò per comprendere appieno il funzionamento della sua mente e le intenzioni dietro al suo lavoro.
Il Rinascimento è l'epoca della riscoperta dei classici, greci e latini, come modelli supremi a cui rifarsi e da cui

attingere per il sapere. Questo è quello che fanno quasi tutti i contemporanei di Leonardo: trovare "alti" esempi cui rifarsi.

Si tratta, in ultima analisi, di una specie di scarico di responsabilità: l'uomo rinascimentale ha le spalle coperte, per così dire, e in questa illustre copertura trova la giustificazione per l'elaborazione delle sue teorie. Dal sapere classico si parte e da quello non si può prescindere. Non si poteva, e non si voleva, metterlo in discussione.

Immaginiamoci ora Leonardo, illetterato, cresciuto senza formazione accademica. Questa mancanza di educazione formale potrebbe aver rappresentato un'opportunità per lui, che i classici li legge, li conosce, ma assolutamente a piacimento. Essendo poi "omo sanza lettere", ovvero non conoscendo né il greco né il latino, doveva spesso ricorrere all'aiuto di amici per interpretare i passi salienti delle opere che leggeva.

Ecco, questa assenza di riferimenti, questo non avere maestri certi a cui rifarsi è stata in parte la fortuna di Leonardo, che è potuto crescere come uomo del Rinascimento ma privo di quei "dogmi" che hanno in gran parte caratterizzato la cultura rinascimentale.

Leonardo era una fantastica tabula rasa: la sua missione era cercare risposte. Meglio ancora, spiegazioni. Come farlo? Attraverso l'esperienza. "La sapienza è figliola dell'esperienza" scriveva Leonardo, riassumendo in una emblematica frase tutta la sua filosofia.

Leonardo parte dal dato reale e, soprattutto, cosa importante per noi che vogliamo ispirarci alla sua figura di intellettuale e carpirne i segreti, mai si vergogna di non sapere. Non sapere per lui non è un limite, bensì un'opportunità. Partire da zero ti offre una fantastica possibilità: quella di non farti condizionare nel tuo ragionamento, nel tuo operare.

Questo è quello che sempre fa Leonardo: conosce i classici, li legge nella misura in cui possono dargli spunti interessanti, ma poi parte quasi da zero. Il percorso per la verità è suo e personale, sa di doverlo percorrere da solo per poter comprendere appieno la materia che sta affrontando.

Se non vedo, non credo. Un detto che ben si applica all'operare leonardesco e che ci riporta alla centralità dell'esperienza, del dato sensibile, della verifica sul campo di ciò che si è ipotizzato su carta. Troviamo infatti Leonardo metter più volte mano agli stessi progetti, perfezionarli, modificarli, innovarli... La via per la perfezione passa per la continua pratica, la meta è irraggiungibile ma ciò che conta è la tensione d'animo a raggiungerla.

È ciò che spinge Leonardo sempre un po' più in là: sa che il mondo ha tutte le risposte che cerchiamo, sa dunque di potersi sempre migliorare e questa tensione lo tiene sempre attivo, sempre studioso, sempre osservatore.

La sete di conoscenza di Leonardo è sempre appagata e al tempo stesso mai soddisfatta: la realtà, il mondo sensibile, contiene in sé tutte le risposte, ma la capacità di trovarle e, da esse, formulare una spiegazione valida non è cosa alla portata di tutti. Leonardo lo sa bene ed è per questo che continuerà tutta la vita ad affinare le sue formidabili capacità di osservatore: riflessivo, mai affrettato, impulsivo quando serve, fiducioso nelle sue capacità.

Ecco come anche oggi possiamo prendere spunto da un uomo geniale vissuto cinquecento anni fa: il modus operandi è lo stesso, oggi come allora abbiamo ancora bisogno di comprendere il mondo reale, per quanto complesso possa essere. Le doti richieste per farlo sono sempre le stesse: attenta osservazione, contemplazione, riflessività, apertura mentale, pazienza – Leonardo era uomo assai paziente – e soprattutto sicurezza nei propri mezzi. Il che equivale anche al "sapere di non sapere" di socratica memoria: la formazione continua era di importanza fondamentale per Leonardo.

Se ne parla tanto anche al giorno d'oggi, spesso però perdiamo il senso che questa formazione continua dovrebbe avere. Molte volte si tratta solo, per noi, di ottenere un certificato. Una riga in più sul curriculum.

La cosa importante dovrebbe invece essere continuare a imparare, nella consapevolezza che mezzi ulteriori ci apriranno nuove e più stimolanti possibilità: pensate a Leonardo, che per comprendere la natura del volo e cercare di carpirne i segreti, studia e disegna gli uccelli. Parte, ancora una volta, dal dato reale, e ci aggiunge un'inestinguibile passione: perché l'idea che l'uomo possa volare lo esalta, semplicemente, e mette tutto sé stesso nel cercare di comprendere a fondo quale sia il segreto degli uccelli, le "macchine per il volo" perfette, perfettamente create dalla Natura.

La sete di conoscenza portò Leonardo a ipotizzare un trattato sul volo, di cui a noi oggi rimane il *Codice sul volo degli uccelli* risalente al 1505. Un breve manoscritto in cui, con una semplicità che affascina e "sa" di genio, Leonardo passa dall'analisi del volo degli uccelli alla progettazione di macchine volanti nel volgere di poche pagine. Così, con la semplicità di chi quell'argomento lo ha analizzato talmente a fondo, nella sua mente, da farlo suo.

1.7 L'equilibrio tra arte e scienza

Si fa tanto parlare del genio di Leonardo, del suo essere fuori dal normale, dei risultati eccezionali che ha conseguito in quasi ogni campo in cui si è cimentato, che si finisce con il dimenticare quanto sia stato equilibrato.

Genio e sregolatezza, siamo abituati a pensare: dovremo allora rivedere i nostri preconcetti se ci accingiamo a capire i segreti di Leonardo. Che sregolato non era, e anzi ha fatto dell'equilibrio una delle sue migliori doti. Innanzitutto dell'equilibrio tra arte e scienza.

Il "segreto" di Leonardo era proprio questo: esattamente come elimina i contorni netti dalle figure nelle sue opere pittoriche in favore dello *sfumato*, allo stesso modo non si pone limiti nel contaminare l'arte con la scienza e la scienza con l'arte. Si pensi anche solo al fatto che sceglie come mezzo divulgativo il disegno: tale era la sua maestria in quest'arte che fu capace di tramandare concetti e progetti complicati grazie a disegni realistici e particolareggiati.

Scegliendo l'equilibrio, Leonardo rompe i canoni: rifiuta la specializzazione e i suoi linguaggi in favore di una multidisciplinarità inclusiva.

Questo è un aspetto importante da cui prendere spunto nel tentativo di pensare come Leonardo. Egli non si sente mai inadeguato perché non specialista in una disciplina; non si ferma dal praticare questa o quell'arte perché non ne conosce il linguaggio, usa gli strumenti che ha e dove questi gli mancano, li inventa.

Spesso nella vita personale e lavorativa facciamo fatica a "uscire dai canoni"; altrettanto spesso ciò ci viene impedito, in ambito professionale ad esempio sconfinare nella sfera di competenza di altri può essere visto come oltraggioso. Leonardo ci insegna, con il suo esempio, che i canoni aiutano, ma non sono ciò che ci permette di padroneggiare un'arte o una disciplina; essi ci possono instradare, ma sta a noi trovare la via giusta, seguire l'intuizione, senza lasciarsi sviare dai "non si può", "non si deve" e, soprattutto, dalla tendenza a non uscire dal seminato.

Leonardo esce eccome dal seminato, e per fortuna che lo fa, altrimenti non avremmo alcune delle sue opere migliori!

Arte e scienza per Leonardo convivono costantemente. La pratica e la teoria, la creatività e la logica. L'una non esiste senza l'altra. La sua opera pittorica ne è un esempio formidabile. Leonardo fa entrare finalmente le mille sfumature della luce nel dipinto rinascimentale: la luce portatrice di vita, di chiaroscuro, di dettaglio, ma anche di emozione, sentimenti, psicologia.

Ciò che prima era netto, geometrico, scolastico, diventa sotto le pennellate di Leonardo animato, vivo, reale: una rivoluzione non da poco, che si concretizza nel portare il dato reale all'interno dell'opera artistica. Che a sua volta, dunque, diventa strumento di rappresentazione e indagine della realtà stessa, proprio come lo sono i disegni che utilizza nei suoi *Codici*.

Un altro esempio della capacità di Leonardo di forzare costantemente i limiti è il suo uso della prospettiva, la scienza della rappresentazione inventata proprio nel Quattrocento: Leonardo la utilizza, certamente, ma dà vita anche ad essa, la riempie di realtà. Nei suoi quadri non si trovano fredde rappresentazioni spaziali intrise di geometrie; le strutture si fondono con l'ambiente circostante, vi si integrano, prendono vita grazie ai panorami particolareggiati, ai minuti dettagli naturali, ai rimandi a luoghi reali, che aiutano l'osservatore a figurarsi nella scena.

Il pensiero di Leonardo forza qualunque regola si trovi sul proprio cammino. Pensiero laterale potremmo definirlo oggi, e in effetti in parte lo è: egli è maestro del pensare, come dicono gli inglesi, "out of the box". Questo non sarebbe possibile senza una ben nutrita autostima, caratteristica che troppo spesso nella società odierna viene confusa con l'egocentrismo, con il quale c'entra assai poco.

Credere in sé stessi è fondamentale per intraprendere qualsiasi percorso, personale o professionale: Leonardo crede fortemente in sé stesso perché si fida della Natura e delle capacità dell'uomo di leggerla, interpretarla, capirne le regole e il funzionamento. Egli sa che la risposta è da qualche parte, dunque il viaggio di scoperta lo esalta, lo incoraggia, invece che preoccuparlo o impensierirlo.

Pensare come Leonardo significa dunque non aver paura di sbagliare, confidare che la risposta ai propri dubbi esista e si possa trovare e, soprattutto, non chiudersi in un'ottica "unicista" ma aprirsi alla multidisciplinarità, raccogliere tutta l'esperienza che abbiamo potuto fare nella vita e lasciarsi ispirare, al di là di canoni e confini, ogni qual volta intraprendiamo un nuovo compito.

Equilibrio tra scienza e arte significa anche, in ultima analisi, questo: non prendere parte. Affrontare le questioni scientifiche con la mente aperta del creativo e dedicarsi all'arte con approccio scientifico.

1.8 Curiosità su vita e opere

Sono tante le curiosità e le leggende che circondano la figura di Leonardo, molte fiorite nel corso degli anni man mano che la sua popolarità cresceva di pari passo con l'apprezzamento delle sue opere.

Ciò che conta considerare è che la figura di Leonardo è circondata da un alone di positività: in quelli che l'hanno conosciuto ha lasciato una buona impressione, il ricordo di una personalità speciale ma non caratterizzata da quelle stranezze ed esagerazioni che invece si accompagnano a tanti geni moderni e contemporanei.

Una vita dedicata all'arte, alla scienza e al sapere: è prevedibile dunque che Leonardo non abbia fatto molto parlare di sé.

Sicuramente ha un peso il fatto che a quanto le cronache riportano, Leonardo non ebbe una vita sentimentale. Per quanto strano possa apparire, non risulta memoria di relazioni sentimentali né in gioventù né in età matura; ci si spiega dunque come mai siano fiorite tante teorie circa una sua presunta omosessualità. Bisogna considerare che in epoca rinascimentale l'omosessualità era tollerata, dunque può essere che le relazioni di Leonardo non abbiano destato scandalo e per questo non abbiano guadagnato gli onori delle cronache.

Cosa che invece successe nel 1476, quando Leonardo, assieme ad altri giovani fiorentini, fu denunciato per sodomia ai danni di un ragazzo diciassettenne; l'accusa fu poi ritirata ed archiviata (si dice perché tra gli accusati c'era il giovane rampollo di una illustre famiglia fiorentina, i Tornabuoni), ma negli anni successivi Leonardo risulta stranamente inattivo e non esiste traccia di sue opere o dipinti. L'onta derivante dall'accusa, forse, gli fece perdere molte commesse.

Pare che questa accusa, inoltre, fece sfumare la possibilità per Leonardo di essere inviato da Lorenzo il Magnifico a Roma, assieme a Michelangelo, per affrescare la Cappella Sistina: se così fosse, abbiamo sicuramente perso tutti una grande occasione, non solo Leonardo!

Così come esistono teorie sulla sua omosessualità, ne esistono altre molto articolate circa un suo legame affettivo con la duchessa di Milano, Isabella d'Aragona. C'è chi si è spinto a ipotizzare un matrimonio segreto tra Leonardo e Isabella, dopo la morte del di lei marito ufficiale Galeazzo Maria Sforza, che l'aveva portata con sé fuori Milano, lontana da Leonardo.

I sostenitori di questa tesi affermano che il sorriso enigmatico della *Gioconda* sarebbe proprio quello di Isabella d'Aragona e non quello, come la maggior parte delle fonti afferma, di Lisa Gherardini, moglie del committente del ritratto, Francesco del Giocondo. E per questo motivo Leonardo portò con sé la *Gioconda* durante tutte le sue peregrinazioni, fino alla morte; non per un'incapacità a dare la pennellata finale, bensì per amore.

Sia come sia, ciò che è certo è che Leonardo fosse un uomo di bell'aspetto, con un fisico curato, una figura insomma che non passava inosservata. Suscitò probabilmente molte invidie durante la sua vita, ma ciò che traspare dalle fonti autorevoli che ci hanno tramandato la sua vita è la sua grande umiltà, il suo fare esattamente l'opposto di quanto richiesto per attirare invidie e gelosie su di sé.

Biondo, alto, occhi azzurri, sguardo intelligente... non viene difficile credere che fosse di bell'aspetto!

Ciò che più importa, per noi, è però la sua statura intellettuale, quella sì tramandata con certezza fino agli anni nostri. Leonardo affascinava grazie al suo genio, alla sua bravura coinvolgente, al suo talento che non poteva lasciare indifferenti.

Un'ultima curiosità sulla sua immensa opera – che include, vale la pena ricordarlo, 7000 fogli manoscritti raccolti oggi in diversi *Codici* sparsi per il mondo: pare che Leonardo abbia inventato anche una mossa del gioco degli scacchi, ovvero l'arrocco moderno.

In quegli anni il gioco degli scacchi era molto popolare presso i Signori delle corti europee, Leonardo lo apprezzava e applicò il suo genio anche in questo campo: la testimonianza che ci ha lasciato è proprio un disegno, come spesso accade con Leonardo, una sorta di indovinello che rimanda al modo per compiere l'arrocco in una sola mossa. A quel tempo, infatti, l'arrocco si effettuava in due mosse ma ciò rallentava il gioco, oltre a mettere in una posizione svantaggiata il re rispetto all'agile regina.

Leonardo scacchista è la ciliegina sulla torta, come si suol dire, ovvero l'ennesima personificazione di un talento multiforme che si espresse in tutti i campi che riteneva interessanti: un monumento alla multidisciplinarità, un monito per tutti noi a sviluppare qualsiasi attitudine e aspirazione ci faccia sentire creativi e, in una parola, vivi.

Capitolo 2: Come diventare un esperto universale

2.1 Come scoprire i tuoi talenti

E se io il talento non ce l'ho?

Si riduce spesso tutto a questa domanda. Come fosse una sorta di giudizio universale: tu dentro, quell'altro fuori. On/off.

La panoramica della vita di Leonardo e dell'intrecciarsi di essa con la sua opera dovrebbe aver già risposto a questo quesito fondamentale, ma se la cosa ancora non fosse chiara sgombriamo il campo da eventuali dubbi: non si tratta di nascere con la fortuna di un singolo straordinario talento, si tratta di saper coltivare, durante la vita, i molteplici talenti che ognuno di noi possiede, per applicarli poi ai campi che più ci interessano.

Siamo stati immersi troppo a lungo in una società che glorifica il super talento individuale: tutti geni, tutti fenomeni... tutti presto dimenticati appena passa la novità e si scopre che quella stella così luminosa era in realtà una rapidissima meteora.

Una società simile spinge velocemente spalle al muro l'individuo e lo porta a porsi la fatidica domanda: e se io il talento non ce l'ho?

La verità è che nasciamo tutti straordinariamente dotati per qualcosa. Il problema non è essere o meno dotati di talento, il problema è scoprirlo. Cosa affatto facile nella società in cui viviamo, a causa di un sistema educativo che mira a ricondurre tutto entro certi limiti piuttosto che a spingere verso la libera espressione, e di un mondo del lavoro che la maggior parte delle volte fa lo stesso.

Si ricerca la specializzazione (spesso l'iper-specializzazione) e facendo ciò si perde completamente la capacità di riconoscere attitudini e talenti.

Eppure da piccoli siamo tutti dei geni in miniatura. Non perché impariamo a scrivere prima della scuola elementare o perché ci alziamo in piedi a 8 o 9 mesi; siamo dei geni perché *ci esprimiamo liberamente*. E creativamente. Cosa che Leonardo riuscì a fare per tutta la sua vita: ecco il segreto della sua straordinaria e prolifica opera.

Da bambini siamo incoraggiati alla libera espressione, la nostra mente è ancora priva di regole, dogmi, condizionamenti; abbiamo dunque l'opportunità di esplorare la realtà circostante e il nostro approccio ad essa in maniera creativa. L'opportunità di essere noi stessi, nella nostra unicità.

Fermiamoci un attimo a pensare a cosa distingue la biografia di Leonardo da quella di tanti altri artisti eccellenti: Leonardo non ricevette un'istruzione formale. La scuola gli era preclusa, essendo figlio illegittimo. Egli scriveva con la sinistra – probabilmente già al contrario, da destra verso sinistra – studiava quel che nonno e zio volevano fargli studiare, passava gran parte del suo tempo libero nella natura, a osservare ciò che lo circondava e a cercare di capirlo e interpretarlo tramite il disegno.

Ecco, ora pensiamo a quello che è il nostro percorso. Una volta instradati nel sistema scolastico, veniamo educati a una creatività con le armi spuntate: tutto deve stare entro certi limiti, svolgersi secondo certe regole, aderire a determinati modelli. Non puoi esporre la lezione di scienze o geografia tramite un disegno a matita: semplicemente non puoi, ricade fuori dai limiti che la scuola ha previsto.

Dunque, come fare a riconoscere i propri talenti se si è "figli" di un simile sistema?
Innanzitutto, occorre smettere di arrovellarsi attorno all'idea di dover essere dei geni in una materia specifica. Soprattutto bisognerebbe trovare la forza di scrollarsi di dosso ciò che si crede di essere: il proprio percorso di studi, i propri successi personali, la propria carriera lavorativa. Conta tutto, certamente, ma se si è alla ricerca della natura del proprio talento bisogna partire da un foglio bianco e fare un grosso salto indietro. Cosa

amavo fare da bambino? Quale era la mia attitudine allora? Giocavo con le costruzioni? Disegnavo? Progettavo città immaginarie da far percorrere al trenino elettrico?

Tutto conta, perché tutto a quel tempo è stato fatto *creativamente* e sotto la spinta del puro desiderio. Il talento non risiede nella costruzione a più piani che sei riuscito a creare quando avevi appena 6 anni, né nel dinosauro che disegnavi con dovizia di particolari quando i tuoi compagni a fatica tracciavano sul foglio la classica triade casa-albero-sole; il talento è nei processi mentali che ti hanno portato a produrre quelle opere. Quell'organizzazione di pensiero, quella scintilla di interesse che ti ha fatto applicare meglio di chiunque altro a quel compito, quella naturale predisposizione per un certo tipo di attività fisica o mentale.

Tutto questo può essere tirato fuori anche a 40 anni, applicandolo a diversi ambiti della vita personale o lavorativa. Perché il talento non era la capacità di mettere un cubetto Lego sopra un altro; il talento risiede in come la nostra mente ragionava in quel preciso istante, nell'ambito di quel particolare compito. Diventa allora molto importante chiedersi: cosa mi piaceva fare da bambino? E anche: in che cosa eccellevo?

Dimenticate la matematica, la fisica e il latino; dovete indagare ciò che è venuto prima, ciò che vi permetteva di "girare" a un regime superiore agli altri, ciò che vi consentiva di esprimere il meglio di voi. Leonardo ci è riuscito poiché sin da piccolo ha potuto impostare il suo modo personalissimo di rapportarsi al reale, alla conoscenza. Il mondo reale lo conosceva come meglio credeva, nella maniera più consona al suo animo, alle sue capacità, al suo talento. Ecco da dove arriva la sua straordinaria capacità di leggere la realtà.

Nel suo caso, non ricevere un'istruzione formale e accademica è stato un gran vantaggio. E voi, siete capaci di trasformare quelli che avete sempre creduto essere deficit o debolezze in punti di forza? Siete capaci di scoprire la vostra personale "stranezza", come la scrittura da destra a sinistra, e trasformarla in una freccia al vostro arco?

Per scoprire i propri talenti – al plurale, poiché è importante uscire dall'ottica del singolo talento – è fondamentale chiedersi cosa ci rende *diversi* dagli altri. E non aver paura a viverla, quella diversità. È il nostro modo unico di sentire, essere e pensare la base dei nostri molteplici talenti. Che possiamo poi applicare in diversi campi, declinare in diverse attività. A una condizione: essere pronti a pensare fuori dagli schemi. Perché la società non vi chiederà mai di esporre la lezione di scienze attraverso un disegno; sarete voi a doverlo proporre, certi della vostra eccellenza.

Dunque, schematizzando, una lista di domande che può servire da punto di partenza per la scoperta dei propri talenti può essere questa:

Cosa amavo fare da bambino?
In cosa ero il più bravo?
Cosa amavo fare quando avevo finito i compiti?
E cosa amo fare, oggi, nel tempo libero?
Cosa mi rende unico?
In quale attività mi perdo senza accorgermi del tempo che passa?
Quale attività mi fa stare bene e mi fa sentire pieno di energie?

Ricordate che l'importante non è capire per quale specifica attività siete portati. L'importante è capire cosa vi rende unici nel compiere quella particolare attività. Lì risiedono i vostri talenti.

2.2 Il problema del QI e le intelligenze multiple

Abbiamo vissuto a lungo in un mondo dominato dal quoziente intellettivo (QI) e dalla credenza che a una maggiore intelligenza corrispondesse per forza di cose un maggior talento. Una persona talentuosa era una persona dotata di mezzi superiori alla norma; le persone super-dotate, ovvero quelle con un QI significativamente fuori della norma, potevano essere considerati geni.

Questo modello però ha dimostrato più volte di non

funzionare. Questo in primo luogo perché intelligenza "pura" e abilità non sempre vanno di pari passo; in secondo luogo perché la psicologia ha successivamente in parte sconfessato il concetto di quoziente intellettivo, proponendo diversi modelli sostitutivi come indici dell'intelligenza di una persona.

Un modello che ha conosciuto parecchia fortuna e che ha avuto un forte impatto sul mondo educativo e della formazione in generale è stato quello proposto all'inizio degli anni Ottanta dallo psicologo statunitense Howard Gardner. Egli teorizzò il concetto di *intelligenze multiple*, in opposizione a quello imperante di quoziente intellettivo. Una rivoluzione: non più una sola, granitica intelligenza, misurabile con una scala di punteggio, bensì tante forme diverse di intelligenze, ognuna relativa a un preciso ambito dell'esperienza umana.

Sino ad allora la misurazione dell'intelligenza prendeva in considerazione esclusivamente due ambiti: quello linguistico e quello logico-matematico. A ruota, la scuola: gli studenti sono sempre stati valutati in base alle loro competenze di linguaggio o di pensiero logico-matematico. Se il talento di una persona ricadeva al di fuori di questi due ambiti, era alta la possibilità di perderselo per strada durante gli anni di formazione scolastica.

Non solo la scuola, la società intera ha sempre ragionato in termini di competenze linguistiche e logico-matematiche. E con essa il mondo del lavoro, fisso in una staticità mansionale che ci vuole specializzati in qualche cosa, ancor meglio se super specializzati. Al di fuori di quell'ambito non è importante quali siano le nostre competenze.

Chiariamo subito un aspetto fondamentale: questa società non è fatta per riconoscere e premiare i talenti di una persona, eccezioni a parte. Dunque tocca a noi auto-educarci, o meglio riprendere in mano il discorso da dove l'abbiamo interrotto (alla scuola elementare o alla scuola media, probabilmente) e partire alla ricerca dei nostri talenti perduti. Niente paura: può essere un viaggio molto breve e piacevole, se siamo dei buoni osservatori di noi stessi!

Tornando al concetto delle intelligenze multiple, Gardner teorizzò l'esistenza di sette tipi di intelligenza, a cui in un secondo momento ne aggiunse due: intelligenza linguistica, logico-matematica, spaziale, cinestesica, musicale, intrapersonale, interpersonale; aggiunse poi la naturalistica e la esistenziale.
Senza entrare nel dettaglio, queste intelligenze coprono tutto il campo della nostra esperienza e non solo l'ambito scientifico della realtà; questa teoria riconosce anche finalmente dignità a capacità ed abilità che sono state spesso sottovalutate, spiegando come in realtà le intelligenze siano tutte importanti e tutte correlate tra di loro.
I concetti di genio e di talento assumono allora sfumature nuove e diverse: si può parlare di talenti, al

plurale, e si può capire quale sia la più pura espressione del genio, ovvero la capacità di spaziare tra un ambito e l'altro e soprattutto di saper tirare fuori il meglio dal proprio cervello.

Cosa c'entra Leonardo con le intelligenze multiple, teorizzate quasi cinquecento anni dopo la sua morte? Semplice: egli, con la sua sintesi tra arte e scienza, è la dimostrazione perfetta dell'importanza della multi-abilità come chiave per eccellere nella vita.

Egli si serve dell'arte per spiegare la scienza, allo stesso modo in cui si serve della scienza per arricchire la sua arte. Due ambiti che si compenetrano perfettamente, un genio, Leonardo, in cui le abilità logico-matematiche si accompagnano a tante altre abilità in maniera molto equilibrata.

Egli metteva in pratica ciò che noi dovremmo oggi imparare bene: la soluzione a un problema logico o matematico, spesso, si trova nell'arte o nella natura. Basta sapere osservare.

La soluzione a molti dei nostri problemi lavorativi potrebbe trovarsi fuori dall'ambito di lavoro stesso; l'ispirazione per risolvere un quesito potrebbe venirci proprio quando smettiamo di pensare come sempre abbiamo fatto; la chiave del successo nella nostra professione potrebbe trovarsi in quelle competenze che abbiamo sempre ritenuto secondarie, e invece potrebbero fare la differenza.

Tenere la mente aperta significa anche questo: imparare a riconoscerne la complessità e fare del nostro meglio per coltivarla, stimolarla, valorizzarla.

Colleghiamoci al discorso affrontato nel paragrafo precedente: cosa ti piace fare, cosa ti fa davvero sentire bene? Quando diamo il meglio di noi stessi, non stiamo facendo altro che utilizzare le nostre capacità personali – incluse quelle intellettive – al meglio. Allora proviamo a prendere un'attività in cui eccelliamo e a scomporla in tante sotto-attività differenti: scopriremo che le competenze chiamate in causa sono molte, e differenti.

È questa ricchezza che ci rende unici ed è proprio ciò che non dobbiamo sacrificare sull'altare della specializzazione, nella vana (e affaticante!) corsa al perfezionamento di un talento che *crediamo* di avere. Non siamo solo ciò che abbiamo imparato a fare nel corso della vita. Siamo ciò in cui rendiamo al meglio delle nostre possibilità: iniziamo col ridare la giusta dignità a tutti i diversi modi di essere intelligenti, scopriremo che individuare ciò che ci rende dei numeri uno, dei veri talenti, è molto più semplice una volta tolto il paraocchi che ci faceva procedere acriticamente sulla strada per il successo che gli altri avevano segnato per noi.

2.3 Come coltivare i propri sensi

Se vogliamo metterci alla ricerca dei nostri talenti sopiti, dobbiamo affinare i sensi. Un concetto assolutamente coerente con quello di intelligenze multiple è quello di "mente aperta": ne abbiamo sentito parlare tante volte, ma cosa vuol dire veramente?

Avere una mente aperta non significa tanto essere propensi a cambiare idea, quanto essere in grado di captare suggestioni provenienti da ambiti differenti. Ergo, avere sensi ben sviluppati e altrettanto ben coltivati, per raccogliere quante più informazioni possibili dal mondo reale.

Ricordate come Leonardo capiva le cose? Osservando. La natura in primis, le persone e le loro azioni, poi. Per osservare però non bastano gli occhi, bisogna anche saper processare le informazioni che ci colpiscono attraverso la nostra capacità sensoriale; ecco perché sensi affinati ed allenati ci possono aiutare.

Ma come si coltivano i sensi? Qual è la loro palestra ideale?

Pensiamo ai bambini piccoli, pensiamo ai giocattoli e agli accessori a loro dedicati. Se li si guarda con un occhio analitico, sarà facile intuire che tutto ciò che è destinato alla prima e primissima infanzia punta alla stimolazione multisensoriale: oggetti colorati, di forme e materiali differenti, che emettono suoni e che possono essere manipolati. È il bambino stesso a chiedere, per tutta la durata dell'infanzia, di poter *fare esperienza:* egli

vuole toccare, assaggiare, provare, manipolare, testare...
E cosa sosteneva Leonardo? Che non c'è sapienza senza
esperienza.

Leonardo però questo concetto lo espresse da adulto e
questo modus operandi lo portò avanti per tutta la sua
esistenza. Così dovremmo fare anche noi, ovvero sulle
ali della curiosità non perdere occasione per stimolare i
nostri sensi.

Abbiamo deciso di svegliare i nostri talenti ormai
assopiti: benissimo, per prima cosa allora iniziamo a fare
esperienze. L'arte è un perfetto esempio di ciò di cui
stiamo parlando: c'è chi è naturalmente predisposto
verso lo studio e la pratica delle discipline artistiche, c'è
chi invece si ritrae dinanzi alla difficoltà di non riuscire
o di non capire. Non tutti siamo portati per il disegno, le
arti pittoriche o plastiche, ma tutti possiamo entrare in
un museo e farci rapire dell'arte.

Le opere artistiche possono essere fruite come meglio
crediamo: non è obbligatorio aprire un testo di storia
dell'arte e conoscere tutti i significati reconditi di un
dipinto per poterlo apprezzare: la *Gioconda* o l'*Ultima
cena* di Leonardo sono un chiaro esempio di ciò che
stiamo dicendo. La conoscenza amplifica l'esperienza di
fruizione di queste opere, ma esiste forse un divieto di
pura e semplice contemplazione? No, affatto.

Per prima cosa, dunque, se vogliamo stimolare il
nostro senso artistico "immergiamoci" per così dire
nell'arte. La conoscenza verrà dopo, per iniziare è

sufficiente mettersi nell'esperienza, darsi modo di provare delle sensazioni e di lasciar correre pensieri e connessioni.

Allo stesso modo, per capire meglio la realtà circostante occorre farne esperienza attraverso i sensi. Siamo ormai, purtroppo, abituati a svalutare l'importanza dell'esperienza sensoriale: in epoca di smart working e di virtualizzazione, del resto, possiamo ormai fare tantissime cose direttamente dal divano! Ma ciò non elimina la necessità di uscire fuori e fare esperienza del reale. Perché la realtà è la migliore maestra, a volte unica: non c'è come toccare con mano per capire. E quando si capiscono le cose si permette alla nostra mente di espandersi, si acquisiscono conoscenze che rimarranno in maniera duratura poiché esperite in prima persona, ci si concede l'opportunità di arricchirci come esseri umani.

Una mente ricca è anche una mente capace di effettuare maggiori connessioni tra i vari ambiti della realtà, di raggiungere dunque una competenza multidisciplinare: una mente che ha *talento*, in ultima analisi.

Avete mai riflettuto sul fatto che, anche oggi, molte persone di talento sembrano riuscire ad avere successo in più ambiti senza apparente difficoltà, proprio come Leonardo? Non sono "esseri speciali" venuti da un altro pianeta. Sono però tutte persone avide di conoscenza, di esperienza, curiose della vita e del reale. Molti manager di successo eccellono in ambiti che nulla hanno a che fare con quello lavorativo: molti suonano con profitto, ad esempio, alcuni scrivono grandi libri, altri praticano discipline sportive a livello quasi professionistico. Eppure dovrebbero essere le persone con meno tempo a disposizione per poter far pratica di cose diverse dal loro lavoro!

Il segreto è, ancora una volta, nei talenti che queste persone hanno imparato a coltivare. Che a loro volta si poggiano su sensi altamente recettivi, sviluppati, quasi affamati di esperienza reale.

I sensi reagiscono a ciò che gli diamo in pasto e affinano la nostra capacità di comprensione del reale; a sua volta questa capacità ci rende più o meno in grado di acquisire conoscenza, che è la base su cui si poggia lo sviluppo di competenze in uno o più campi.

Non sedetevi ad arrovellarvi su chi potreste essere e in quale ambito lavorativo potreste eccellere; uscite e fate esperienza del mondo reale, seguite le vostre attitudini e il vostro istinto, lasciatevi trasportare dai sensi verso la conoscenza di ciò che vi attrae di più. È questo viaggio che vi permetterà di acquisire quella consapevolezza di chi siete, indispensabile per capire quali talenti possedete.

È come ragionate, come vi muovete nel mondo reale, cosa vi colpisce che vi permette di capire quali sono le vostre molteplici potenzialità. Una volta che avrete capito in cosa vi distinguete, non sarà difficile orientarvi in modo da sfruttare al meglio i vostri ritrovati talenti!

2.4 Specializzazione contro multidisciplinarità: l'insegnamento di Leonardo

Perché riteniamo che Leonardo sia un genio? Perché eccelleva in tante discipline diverse.

E allora perché cerchiamo invece costantemente di diventare super esperti in una singola disciplina?

Si potrebbe rispondere che è quello a cui ci ha abituati la società. E non sarebbe sbagliato.

Siamo cresciuti in un mondo che ci vuole numeri uno: maghi dell'informatica, esperti di comunicazione, talenti delle arti visive, promesse del calcio... Ma se arrivati all'età adulta non ci sentiamo astri nascenti in nulla?

Bel problema, verrebbe da pensare. E se invece fosse una fantastica opportunità?

Collegandoci ai discorsi dei capitoli precedenti, possiamo ormai affermare con sicurezza che nessuno di noi nasce privo di talenti, semmai ne viene privato durante la crescita, o meglio durante la formazione. Se il nostro obiettivo è dunque riscoprire questi talenti, non sarà un problema se non ci sentiamo dei veri geni in nessuna materia in particolare.

Leonardo ci ha insegnato con il suo esempio, di vita e di opera, che la multidisciplinarità è una vera ricchezza. Come è possibile che ce lo siamo dimenticati?

La società è profondamente cambiata dai tempi di Leonardo e il Novecento ha portato con sé il culto della specializzazione. Estrema in alcuni casi. Più si era specializzati, più si valeva: nella vita come nel lavoro. Obbietterete che essere specializzati paga, nel mondo del lavoro: nessuno lo nega ma... volete mettere quanto paga essere specializzati in più campi? Permettersi il lusso di poter cambiare ambito, non solo lavoro, se e quando lo si desidera?

Abbiamo già accennato al fatto che una forte autostima è alla base della possibilità di eccellere in molti campi. Lo ribadiamo: credere in sé stessi, credere nelle proprie possibilità di farcela, è l'elemento indispensabile per il successo.

Non è avvantaggiato chi già sa, è avvantaggiato chi sa di non sapere e ha la voglia di colmare le proprie lacune, di apprendere, di capire: chi sa e resta fermo, sarà presto superato da chi non sa e procede spedito spinto dal desiderio di riuscire.

Leonardo sapeva di non sapere: per questo osa dove altri non osano, per questo non si arrende, per questo compie quel passo in più rispetto ai suoi contemporanei, fermo ai testi classici che dovevano fungere da modello assoluto. Leonardo li getta idealmente dietro le spalle e va avanti: così facendo, scopre nuove cose.

La multidisciplinarità porta con sé un ulteriore vantaggio: la contaminazione delle conoscenze. Ingrediente fondamentale per poter realmente pensare fuori dagli schemi. L'innovatore è da sempre colui che applica conoscenze già note a nuovi ambiti: come potrebbe fare ciò se non possedesse una mente curiosa e un ricco bagaglio culturale?

Quante volte ci è capitato di analizzare invenzioni o opere d'arte e pensare "avrei potuto farlo anche io". Non ci stavamo sbagliando: è verissimo, tutto è alla portata di tutti. L'errore nostro sta nel pensare che avremmo potuto arrivarci con gli schemi di ragionamento già in nostro possesso.

Finché rimaniamo nell'ottica della necessità di specializzazione in un singolo campo, non ci concederemo mai la possibilità di pensare in maniera innovativa. Pensiamo un'altra volta a Leonardo: sarebbe mai riuscito a realizzare i dipinti che l'hanno reso tanto famoso se non avesse dedicato tante ore allo studio dell'anatomia animale e umana? No, semplicemente. Ciò che ha appreso in un campo l'ha applicato a un'attività apparentemente per nulla collegata.

Non accantonate le opportunità di arricchimento culturale ed esperienziale solamente perché non sono in linea con il vostro profilo, ovvero con quello che voi credete di essere: proprio lì, fuori dai vostri confini, si nascondono molteplici possibilità di scoprire voi stessi sotto una diversa luce. Mettersi alla prova in campi diversi da quello in cui si è specializzati permette di analizzare il funzionamento della nostra mente: un osservatorio importante per capire come ragioniamo, come ci poniamo dinanzi ai problemi, quali sono i nostri punti di forza e i nostri limiti, e iniziare a ragionare su come superare i blocchi e valorizzare le potenzialità.

Un esempio servirà a chiarirci quanto la multidisciplinarità può essere una ricchezza. Cosa facciamo solitamente quando ci troviamo di fronte a uno straniero di cui non conosciamo la lingua e dobbiamo dare o chiedere un'informazione? Ci arrangiamo, e per farlo ricorriamo a forme di comunicazione diverse dal linguaggio. La gestualità ad esempio, il tono di voce, la mimica facciale, ma anche, se necessario, il disegno. Ricorriamo, cioè, a molteplici competenze pur di farci capire. Diventiamo multidisciplinari.

Questo semplice esempio fa capire come risorse molteplici e diversificate possono rivelarsi una vera ricchezza e permetterci di raggiungere il traguardo anche quando apparentemente non possediamo i mezzi per farlo. Lo stesso è per la conoscenza: per conoscere il reale, cosa importante tanto oggi quanto ai tempi di Leonardo, occorre sfruttare il più possibile la plasticità di quello straordinario strumento che è il cervello. Solo così saremo in grado di raccogliere le tantissime informazioni che continuamente raggiungono i nostri sensi, e trasformarle in esperienza prima e in conoscenza poi.

Vale la pena ricordare sempre come si presentò Leonardo alla corte di Milano: suonando uno strumento musicale (in maniera eccellente, peraltro!) e con una sorta di lettera di presentazione in cui descriveva ben bene tutte le sue capacità, finendo con la pittura. Ciò gli permise di assumere i più svariati incarichi durante il soggiorno milanese, proprio come puntava a fare. Certo, dipinse anche, ma soprattutto fu impegnato in molteplici progetti, alcuni dei quali hanno visto la luce, altri sono rimasti sulla carta.

Possiamo azzardare che Leonardo fu scelto proprio in virtù della sua multidisciplinarità? Il suo talento poliedrico era un valore aggiunto.

Oggi come allora, possedere competenze in più campi è un assoluto valore. Anche nel mondo del lavoro. Provare per credere: basta sapersi valorizzare, esattamente come fece Leonardo presentandosi agli Sforza come uno scienziato, artista, ingegnere e inventore dalle molteplici abilità.

2.5 L'importanza delle competenze trasversali o soft skills

Cos'è la competenza?

La competenza è ciò che ci rende capaci di fare qualcosa in maniera efficace. Se dovessimo esprimerla con una formula, la competenza sarebbe l'insieme di *conoscenza* e *abilità*. Quello che gli inglesi chiamano *know-how: saper svolgere in maniera efficace un'attività.*

Quante volte ci siamo sentiti rivolgere la fatidica domanda: di cosa ti occupi nella vita? Ecco, il nostro interlocutore voleva probabilmente sapere quali competenze tecniche possediamo. Già, perché esiste una differenza di base riguardo alle competenze che bisogna assolutamente conoscere se ci si vuole prendere cura dei propri talenti: esistono competenze tecniche e competenze trasversali.

Hard e soft skills, così vengono comunemente chiamate ormai anche da noi, soprattutto in ambito professionale e lavorativo. L'errore è ridurre tutto alle hard skills: la domanda "tu cosa sai fare?" sottintende infatti quasi sempre l'assunto che ciò che conta veramente è possedere una competenza tecnica certificata e riconosciuta, dal mondo accademico o professionale.

La nostra attenzione in questo capitolo sarà però puntata sulle soft skills, ovvero le competenze trasversali. Quelle che, per usare una metafora, mettono il turbo alle vostre prestazioni.

Pensiamo ancora una volta a Leonardo. Analizziamo le sue skills. Concentrando la nostra osservazione sul piano tecnico, non ci risulta difficile individuare le sue competenze tecniche, le sue hard skills: disegno, pittura e progettazione, principalmente. Tutto qua? Già, riflettiamo per un attimo a come ne esce la figura di uno dei più grandi geni di tutti i tempi – se non il più grande in assoluto – da un'analisi prettamente tecnica: esatto, ne esce molto ridimensionata.

Sappiamo però, dall'analisi attenta che abbiamo svolto della sua opera e della sua biografia, che Leonardo era molto più che *solo* un grande pittore, un brillante inventore e uno straordinario disegnatore. Queste competenze tecniche gli servivano come strumenti per fare altro. Ma come riusciva a piegare le sue conoscenze a molteplici fini pratici?

Grazie alle competenze trasversali che possedeva. Leonardo è stato un esempio quasi inarrivabile di impiego perfetto delle soft skills: le sue competenze tecniche, infatti, erano nettamente inferiori a quelle di molti suoi contemporanei. Non aveva ricevuto un'istruzione accademica, ricordate? Eppure arrivò dove gli altri nemmeno sognavano di poter arrivare.

La sua forza era nelle soft skills che gli permettevano di avanzare anni luce rispetto ai concorrenti. Innanzitutto egli possedeva una straordinaria fiducia in sé stesso, e ne abbiamo già analizzato i motivi; in secondo luogo era in grado di pianificare e organizzare la sua attività al fine di giungere alla realizzazione di ciò che aveva in mente, costi quel che costi (ci mise quattro anni per dipingere l'Ultima cena con le tecniche e i materiali che aveva scelto, molto più del tempo stabilito con la committenza); non meno importante è stata la sua attitudine ad analizzare i dettagli di un progetto o di un compito che si poneva, così come la precisione nello svolgerlo; infine, ultima ma non ultima viene la sua emblematica capacità di problem solving: il suo saper pensare fuori dagli schemi gli permetteva di risolvere problemi davanti ai quali gli altri, semplicemente, gettavano la spugna.

Analizziamo ora più nel dettaglio le competenze

trasversali che abbiamo riconosciuto in Leonardo per capire quanto peso hanno nel comporre il profilo di una persona.

- Autonomia e fiducia in sé stessi: capacità di svolgere un compito facendo conto solo sulle proprie risorse, nelle quali si crede fermamente indipendentemente dall'opinione altrui

- Flessibilità e tolleranza: essere aperti alle novità e al cambiamento, saper accettare opinioni diverse dalle proprie mantenendo il focus sul proprio percorso e le proprie priorità

- Capacità di pianificare e organizzare: saper giungere dall'idea al progetto concluso in maniera organizzata ed efficace, minimizzando le perdite di tempo e gli errori

- Precisione: sviluppare l'attenzione per il dettaglio e l'accuratezza nello svolgere i propri compiti

- Disponibilità a imparare: saper riconoscere le proprie lacune e impegnarsi per colmarle

- Capacità di gestire le informazioni: saper acquisire informazioni e organizzarle in maniera razionale per un fine preciso

- Intraprendenza e capacità comunicativa: capacità di sviluppare idee e comunicarle in maniera efficace ad altri

- Problem solving: approccio critico ai problemi e alla realtà, capacità di individuare gli aspetti critici e trovare una soluzione creativa

Quali di queste competenze ritenete di avere?

È normale trovarsi a pensare "non lo so!", non siamo abituati ad auto-valutarci, una pratica utilissima e sempre più in voga nel mondo scolastico e del lavoro, ma che negli anni passati esulava assolutamente dalla mentalità imperante in questi ambiti.

Eppure è importantissimo riconoscere quali sono i propri punti di forza in materia di competenze trasversali, poiché ci permette di lavorare su quelle che ancora non possediamo o possediamo in misura minore... E sapete perché è utile farlo? Perché sono proprio le soft skills ad accendere la miccia del talento. L'abbiamo visto in Leonardo: le sue competenze trasversali lo hanno reso capace di eccellere in più campi, di arrivare ai giusti interlocutori, di convincere i committenti della bontà delle sue idee, di realizzare progetti ritenuti impossibili.

Il modo più semplice per capire quali competenze trasversali possediamo è quello di chiedere alle persone che ci conoscono, gli osservatori esterni, sia in ambito famigliare che lavorativo. Proprio così: secondo te, in

cosa sono bravo? Qual è la mia dote migliore? Cosa
apprezzi maggiormente di me come collega?

Mettiamoci ovviamente alla ricerca di esempi positivi:
aiuteranno la nostra autostima, ci permetteranno di
conoscere meglio noi stessi – cosa importantissima,
come abbiamo visto, per poterci esprimere al meglio – e
al tempo stesso ci indicheranno quali aree di competenza
necessitano di maggiore attenzione.

2.6 Come liberarsi delle proprie debolezze

Abbiamo visto quali sono le competenze trasversali,
fondamentali per sviluppare ed esprimere i propri
talenti, e abbiamo anche visto come fare a capire quali si
possiede e su quali invece dobbiamo ancora lavorare.
Queste ultime rappresentano le nostre debolezze, in
opposizione ai punti di forza che abbiamo imparato a
riconoscere dentro di noi e che ci sono stati confermati
dagli osservatori esterni.

Non sottovalutate assolutamente questo passaggio:
mentre può essere anche piuttosto facile riconoscere da
soli i nostri punti di forza a livello di hard skills, può
essere davvero ostico – se non impossibile – fare lo
stesso per quanto riguarda le soft skills.

Diamo però per assodato che vi siete rivolti a
famigliari, amici e colleghi per provare a individuare
quali sono le aree più lacunose riguardo al vostro set di
competenze. Ora bisogna trovare un modo per liberarsi

delle proprie debolezze: avete notato come, parlando di Leonardo, non abbiamo mai citato fallimenti, momenti di crisi, interruzione dell'attività?

Leonardo è una figura di intellettuale e artista assolutamente positiva. Sapete perché? Perché possedeva un enorme equilibrio, dote che, combinata con la sua straordinaria creatività, gli permetteva di procedere spedito a testa alta, forte di quanto fatto e soprattutto di quanto sapeva di aver ancora da fare. Leonardo credeva profondamente in sé stesso, nei propri mezzi: se una debolezza si palesava all'orizzonte, la affrontava e la eliminava.

Come? Principalmente con lo studio. La formazione continua riveste un'importanza fondamentale nella parabola di Leonardo e anche nell'ottica di liberarsi delle proprie debolezze.

Per noi uomini moderni è ancora più facile pensare nell'ottica di un continuo apprendimento; le occasioni certamente non ci mancano. Ciò che ci manca a volte è invece la mentalità necessaria per farlo: per liberarsi delle proprie debolezze bisogna innanzitutto *imparare ad imparare.*

Imparare non è una cosa semplice: se fosse così semplice non andremmo a scuola una media di 18-20 anni prima di poter conseguire una laurea!

Ciò che conta soprattutto nel miglioramento personale è proprio mettersi nell'ottica che individuare le proprie lacune e fare di tutto per liberarcene è una sorta di dovere verso sé stessi. Può essere faticoso, nessuno lo nega, ma è il modo migliore per migliorarsi.

Non bisogna confondere ciò con la mera erudizione: questa non farà di noi dei geni, anzi. È un ostacolo allo sviluppo del talento.

Dobbiamo invece, in maniera analitica, individuare i nostri punti di debolezza e muoverci attivamente per risolvere il problema. Come fare?

Per fortuna viviamo in un'epoca in cui l'informazione non manca: riviste, libri, articoli sono alla portata di tutti, così come corsi di formazione, opportunità di condivisione con esperti di settore. Ciò che conta è la volontà: individuate in cosa volete diventare più competenti e cercate la risorsa più adatta per voi. Ci ricolleghiamo anche a quanto detto sullo sviluppo dei sensi per un ultimo consiglio in questo ambito: l'esperienza è una fantastica fonte di insegnamento, non sottovalutate l'opportunità di fare esperienze pratiche, anche all'estero, in grado di farvi crescere negli ambiti che avete individuato.

Un secondo modo per liberarsi delle proprie debolezze è quello abbastanza ovvio di far pratica. Avete capito quali competenze vi mancano? Quali soft skills sono le più carenti all'interno del vostro ventaglio di competenze? Bene, datevi da fare!

Spesso basta l'aiuto di una persona esterna per permetterci di migliorare, anche di molto, in compiti particolari. Tra amici, famigliari e colleghi c'è sicuramente la persona in grado di insegnarvi quello che non sapete o di darvi i consigli giusti per migliorarvi. Chiedete il loro aiuto per imparare, ad esempio, a comunicare meglio: sedetevi assieme a una persona e impostate un dialogo fittizio che, nella realtà, vi mette in difficoltà. Ad esempio, potete esercitare le vostre capacità di negoziare un accordo, o la vostra capacità di proporvi in maniera intraprendente. Potete anche scegliere di scrivere delle email persuasive a un amico o collega particolarmente capace in materia, che vi aiuterà a capire come potete migliorare. La pratica rende perfetti, dice un famoso detto!

Della richiesta di opinioni e feedback a persone esterne abbiamo appena parlato nel capitolo precedente. Può essere una cosa estremamente utile, però, chiederli a persone specializzate nel *tutoring*, ovvero nella capacità di individuare punti di forza e debolezza delle persone e di fornire un percorso in grado di potenziare determinate caratteristiche personali. Queste guide, o tutor, possono davvero fare la differenza poiché spesso sono specializzate in uno specifico ambito: possono aiutarci a imparare a comunicare efficacemente, a proporci in maniera vincente, a organizzare la nostra attività quotidiana in maniera proficua, e via dicendo. Anche in questo ambito l'offerta ormai è molto ricca: partite sempre dalle debolezze che volete eliminare e vagliate le proposte che il mercato offre. Non è nemmeno necessario iscrivervi a costosissimi corsi: spesso questi 'mentori' hanno scritto libri o hanno siti web dove offrono risorse gratuite, ideali per iniziare.

Ne parliamo alla fine di questo capitolo non certo perché sia un'attività meno importante: l'auto-valutazione. Abbiamo iniziato a parlare di competenze proprio consigliando di farsi un bell'autoesame, allo scopo di scoprire le proprie competenze trasversali. La mappatura delle proprie competenze è anche un modo molto efficace per fare il punto della situazione dopo che avete iniziato il vostro programma per eliminare le debolezze.

È molto semplice: scegliete una singola competenza, valutate il grado in cui la possedete e appuntatevi tutto ciò che avete fatte e che avete ancora intenzione di fare per aumentarla. Datevi un orizzonte personale e aggiornate periodicamente questa mappa, scoprirete che è un modo efficacissimo per rendere concreti degli obiettivi di miglioramento che possono sembrare un po' "astratti".

Migliorare le proprie competenze è un'attività che può essere paragonata a qualsiasi altra attività di miglioramento fisico: a un piano dieta, ad esempio. L'obiettivo non sarà quelli di perdere 5 kg ma serve comunque un metodo, un orizzonte temporale, un momento di controllo.

Applicatelo alle competenze trasversali che volete migliorare e non sottovalutate assolutamente questo compito: ricordatevi che migliorare le vostre competenze non tecniche vi permetterà di far letteralmente decollare le competenze tecniche che già possedete, nonché di esprimere il vostro talento in molteplici ambiti e non rimanere legati all'ottica riduttiva della specializzazione.

2.7 Come ottenere idee innovative e nuove prospettive in ogni campo

Leonardo era un genio. Facile per lui avere continuamente brillanti intuizioni, no? Bé... non proprio. Nulla nasce dal caso e nemmeno quel genio di Leonardo da Vinci, senza un comportamento adeguato, sarebbe diventato quello che tutti noi conosciamo e stimiamo. Allo stesso tempo conviene togliersi subito di testa l'idea che esista una formula magica o un libro che ci insegni come avere idee geniali in maniera semplice, con garanzia di successo. Non è così perché non è in questo modo che funziona la nostra mente: e per avere idee innovative e guadagnare prospettive nuove in svariati campi, bisogna conoscere un minimo come funziona la nostra mente. Nello specifico il processo della creazione; doveva sicuramente conoscerlo anche Leonardo, altrimenti non si spiegherebbe il motivo del suo comportamento esemplare e rigoroso in ottica creativa. Certamente la psicologia al suo tempo non esisteva ancora, e la filosofia, per quanto già molto sviluppata, non si interessava certo di processi cognitivi né tanto meno di processi creativi. Ma Leonardo aveva scoperto il suo personalissimo funzionamento: aveva trovato un metodo che gli garantiva di assicurarsi costantemente una ottima quantità di nuove idee, un modo di lavorare che gli permetteva di osservare le cose sempre da una prospettiva diversa. Era a un grande livello di autoconsapevolezza, il che gli permetteva di essere strategico.

Noi "comuni mortali", come possiamo fare a metterci nella condizione di avere intuizioni geniali? La psicologia ci viene in soccorso, con le numerose teorie che nel secolo scorso sono fiorite e si sono sviluppate circa il funzionamento della nostra mente. La prima fondamentale cosa da sapere è che nulla nasce dal nulla: la nuova conoscenza che ci creiamo si poggia su tutta la conoscenza che già possediamo. Si potrebbe osare di dire che nessuna nuova conoscenza si produce mai... Senza spingerci a tanto, bisogna considerare che la maggior parte delle volte i nuovi concetti sono frutto di un accrescimento o una riorganizzazione delle conoscenze precedenti. Ricordate quando abbiamo parlato dell'importanza dell'esperienza? Ecco: per avere intuizioni geniali, l'esperienza, la conoscenza, le informazioni e gli interessi che coltiviamo nella vita sono fondamentali. L'intuizione non è comunque il prodotto finale del processo creativo, semmai è la scintilla che permette all'idea geniale di accendersi. Proprio così: grazie all'associazione tra vecchie e nuove idee, al processo di ri-organizzazione delle conoscenze possedute, possiamo giungere a un'idea davvero "nuova": innovativa, chiamiamola così. Un'idea geniale.

Questo, molto sinteticamente, è il processo creativo che porta alla creazione di nuove idee. Ma esiste un modo per trasformare questo processo in qualcosa di, per così dire, seriale? Qualcosa di misurabile, ripetibile, insomma simile a un metodo? Se ne sono occupati molti studiosi nel corso del Novecento, sintetizzando diverse teorie. Menti brillanti della società hanno applicato ai massimi livelli queste teorie, dimostrando nella pratica come in effetti sì, certe azioni, ripetute con costanza, portano a risultati riproducibili. Pensate al brainstorming, ad esempio, teorizzato nel 1939 negli Stati Uniti e ormai diffuso in tutto il mondo e applicato nei più svariati ambiti.

Ma torniamo al nostro Leonardo. Come faceva egli a garantirsi un flusso costante di nuove idee? Applicava un metodo. Proprio come possiamo imparare a fare noi. Il suo partiva dalla natura, dall'osservazione, e passava per l'esperienza. Sempre. Quando riteneva di avere incamerato un sufficiente numero di informazioni, si concedeva il tempo per interiorizzarle, "digerirle", farle sue; solo allora poteva metterle su carta. La fase di studio e progettazione poteva essere anche lunga (pensate allo studio dell'anatomia e del volo degli uccelli, teorizzato nel Codice sul volo degli uccelli), ma era fondamentale per poter conseguire quel "guizzo" finale, quel lampo di genio che gli permetteva di concretizzare il tutto in un'invenzione.

Prendiamo spunto da questo modus operandi e dalle conoscenze a cui è giunta la psicologia moderna per ipotizzare un flusso di pensiero creativo applicabile a ogni ambito.

- Identificate il problema: bisognerà pur partire da qualcosa, no? Pensate a un problema, personale o relativo a un ampio gruppo di persone, che vorreste risolvere. Raccogliete dati e informazioni al riguardo, createvi una conoscenza, fatelo diventare un vostro interesse. Pensate ai bisogni a cui la vostra idea potrebbe fornire una soluzione.

- Pensate in maniera divergente: prendete il vostro problema e pensate a tutta una serie di soluzioni alternative a quella che attualmente esiste, e che non vi soddisfa. Esplorate i limiti della vostra mente, non abbiate paura di fare voli pindarici ed essere creativi!

- Allontanatevi dal problema: una fase fondamentale del processo creativo è quella in cui si sposta la mente dal problema. Rilassatevi, fate altro, lasciate sedimentare i pensieri e le idee prodotte.

- Pensate in maniera convergente: è la fase di sintesi, in cui prendete le idee che avete selezionato nella fase creativa e divergente e vi sforzate di applicarle al problema. Ciò vi permetterà di scontrarvi contro ostacoli e limiti a cui trovare una soluzione. Tenete sempre bene a mente le risorse di cui già disponete, risorse vostre o della comunità: spesso possono essere utilizzate in maniera diversa e portare a risultati del tutto nuovi.

- Producete le idee finali: è il momento di tirare le somme e affinare l'idea scelta come vincente, prenderne consapevolezza e lasciarsi ispirare da essa al fine di concretizzarla.

Non sempre il nostro processo creativo segue queste fasi in questo preciso ordine, ma esse non sono mai assenti quando si produce una nuova idea. Probabilmente ora non ne siete affatto consapevoli, ma diventarlo è un passo importante sulla strada del successo. Dunque, prendetevi del tempo per analizzare come funziona il vostro personale processo creativo: conoscerlo vi permetterà di gestirlo al meglio e di potenziarlo per ottenere costantemente nuove intuizioni e prospettive.

2.8 Il dubbio come metodo

C'è un momento fondamentale nel processo creativo che abbiamo appena esaminato: è quello in cui si mette in dubbio la conoscenza appresa relativamente a un dato argomento, le certezze possedute, il "si è sempre fatto così...". È la scintilla da cui tutto prende il via, quella che più sopra abbiamo definito "intuizione". Il nostro orizzonte cambia repentinamente: ci accorgiamo che qualcosa può essere diverso, che ci può essere un'altra via. Ciò non sarebbe possibile se non fossimo abituati a mettere in dubbio le conoscenze che abbiamo. Il dubbio come metodo, teorizzato da Cartesio nel corso del Seicento, ha caratterizzato il pensiero della società occidentale anche nei secoli a venire; Leonardo, però, era "dubbioso" quasi un secolo prima! Capiamo dunque l'importanza di mettere costantemente alla prova ciò che conosciamo. Esattamente come faceva Leonardo, che si esprimeva in un affascinante paradosso: era estremamente sicuro di sé ma al tempo stesso rimetteva le sue stesse conoscenze continuamente in discussione.

Questo equilibrio è quello che ogni buon pensatore dovrebbe aspirare a trovare. Se ci pensiamo bene, è proprio la profonda sicurezza nei propri mezzi ciò che permetteva a Leonardo di dubitare costantemente delle conoscenze a cui era pervenuto: egli sapeva di poter trovare una soluzione a qualsiasi problema gli si fosse presentato. La soluzione c'è, basta osservare attentamente per trovarla.

Osservare il mondo esterno ma anche il mondo interiore: ne abbiamo parlato più volte nel corso del libro. Leonardo era un pensatore estremamente riflessivo, introspettivo, conosceva molto bene sé stesso e questo gli consentiva un grosso vantaggio, ovvero quello di poter agire in maniera strategica. Ovvero, auto-regolare il proprio pensiero e organizzare il proprio comportamento in modo da raggiungere lo scopo che si era prefissato. Ma se egli non fosse stato anche sempre pronto a mettere in dubbio sé stesso, non sarebbe giunto ai risultati che tutti noi oggi conosciamo.

Abbiamo parlato del resto della sua continua ricerca della perfezione: ma essa era più un modo dell'animo, una tensione, piuttosto che una convinzione reale che alla perfezione si sarebbe potuti giungere davvero, che si sarebbe potuta mettere la parola "fine". In questo Leonardo era, per così dire, progressista: egli credeva nella continua evoluzione del sapere e delle discipline, era ben conscio di essere solo una pietra della lunga strada per la conoscenza. Eppure, così facendo, giunse a conclusioni universali!

Dunque, cosa state aspettando a mettere in dubbio voi stessi? Le vostre idee e le vostre conoscenze? Abbiamo parlato nel capitolo precedente di pensiero divergente. Esso punta a creare soluzioni alternative, è possibilista, è multidirezionale; se ci pensiamo bene però, è anche distruttivo, in quanto non si fa problemi a distruggere i vecchi schemi allo scopo di trovarne di nuovi. E questo avviene anche ogni volta che giungiamo a una nuova conoscenza: in fin dei conti buttiamo nel cestino le credenze a cui ci tenevamo aggrappati fino a poco prima.

Nell'ambito del processo creativo, in quel percorso che ci può portare a sfornare idee innovative, idee che realmente ci portino a compiere avanzamenti nella vita, occorre mettere in dubbio sé stessi: le nostre credenze e conoscenze, ciò che abbiamo fino a quel momento ritenuto valido. Non può esserci innovazione altrimenti!

Se Leonardo avesse creduto profondamente di essere il migliore, sarebbe giunto ai traguardi che ha conseguito in molteplici discipline? No. Perché probabilmente avrebbe, come si suol dire, dormito sugli allori. E se avesse creduto che non ci fossero soluzioni diverse rispetto a quelle che aveva già trovato, che cosa ne sarebbe stato delle invenzioni che progettò in età matura? Non avrebbero mai visto la luce.

Umiltà: ricordate che l'abbiamo nominata più volte in relazione alla personalità di Leonardo? Ecco, umiltà significa anche essere disposti a mettersi in discussione. Non come un procedimento fine a sé stesso, ma come condizione imprescindibile per rinnovare la propria mente, il proprio insieme di idee, aggiornare e integrare le proprie conoscenze.

Abbiamo visto che le intuizioni nascono da un bagaglio quanto più possibile vasto di esperienze, conoscenze, informazioni, interessi. Bisogna costantemente alimentare la propria mente se si vuole mantenerla in condizione di poter avere le intuizioni che ci servono per progredire. Per valorizzare i nostri talenti, per scoprirne di nuovi in campi in cui non avremmo mai pensato di applicarci. Per fare nuove esperienze, raccogliere nuove informazioni e giungere a nuove conoscenze è necessaria la curiosità ma anche la volontà di mettere in dubbio quel che già sappiamo. Spinti dal desiderio di scoprire cosa c'è oltre alle nostre conoscenze. E certi del fatto che tutto ciò che scopriremo non sarà che un nuovo tassello nel puzzle sempre più ricco e colorato delle nostre conoscenze, condizioni imprescindibile per generare sempre nuove, brillanti idee.

Capitolo 3: Potenziare la propria mente e liberare la creatività

3.1 Creare abitudini positive e potenzianti

Avete deciso di scoprire, o meglio ri-scoprire, i vostri talenti. Avete deciso di utilizzare il potenziale creativo della vostra mente per mettervi sulla strada giusta per ottenere intuizioni e nuove idee. Avete, nei capitoli precedenti, analizzato l'esempio fantastico di Leonardo da Vinci e visto come molte sue caratteristiche personali possano essere prese d'esempio per una vita creativa e improntata al talento. Bene, è arrivato il momento di crearsi delle buone abitudini!

Cosa c'entrano con il talento, obietterete? Il collegamento diretto può anche sfuggire, le implicazioni però sono evidenti se ci si ferma un attimo a pensarci.

Non abbiamo forse detto, alla fine del secondo capitolo, che il presupposto per avere una mente creativa è permetterle di elaborare una ricca mole di dati, sotto forma di esperienze, interessi e conoscenze? Sappiamo tutti che il tempo è il bene più prezioso ed è anche quello di cui spesso siamo a corto… Ma il tempo è essenziale se si vuole fare spazio a nuove idee nella propria testa. Serve tempo per leggere libri e articoli, per documentarsi, per fare nuove esperienze, per riflettere, per guardare video che ci interessano. La routine letto-lavoro-divano non è amica della creatività.

Come fare a ricavarsi quel tempo? E soprattutto, come fare affinché la "fame" di conoscenza e di risposte a dubbi e domande diventi per noi un'abitudine, proprio come lo era per Leonardo?

Semplice, facendo come lui. Come abbiamo avuto modo di dire in precedenza, non si conoscono molti dettagli sulla vita personale di Leonardo; si sa però che era un uomo di bell'aspetto, ben tenuto, che aveva in grande considerazione il suo fisico e che era un gran lavoratore. Vi siete mai chiesti dove poteva trovare il tempo necessario a studiare tutto ciò che sapeva? Si era creato delle abitudini fortissime. Per lui la stessa osservazione approfondita della realtà era un'abitudine: tutto doveva passare attraverso il "filtro" della Natura. Ecco perché raggiunse i risultati che tutti oggi conosciamo, per un'abitudine all'approfondimento radicata profondamente in lui.

Noi possiamo fare circa la stessa cosa. Anzi, dobbiamo fare la stessa cosa se vogliamo dar modo alla nostra mente di liberare il suo potenziale. Una mente ingabbiata in una routine malsana non potrà mai produrre idee innovative, semplicemente perché sarà schiacciata dai risvolti negativi di quelle routine che ci condizionano la vita stessa. La buona notizia è che le abitudini possono essere cambiate. In modo abbastanza scientifico, dunque a prova di errore: se volete un dato, vi basti sapere che bastano in media 21 giorni, ovvero tre settimane, per creare una nuova abitudine positiva.

Considerando lo scopo che ci siamo prefissati, ovvero liberare il potenziale creativo della nostra mente, ci sono molte abitudini positive che possono aiutare il processo: per nominarne giusto qualcuna, leggere più libri, cercare articoli interessanti sul web, seguire un corso online, imparare un nuovo sport, fare più passeggiate nella natura. La nostra possibilità di realizzare tutte queste attività dipende dalla nostra capacità di trasformarle in un'abitudine.

L'abitudine altro non è che una routine che si attiva in presenza di un determinato segnale e che ci porta a una gratificazione una volta che l'azione si è conclusa. È sufficiente dunque decidere a tavolino quale nuova routine si vuole implementare nella propria vita, stabilire il segnale che può attivarla e la gratificazione una volta che avremo portato a termine l'attività. Poniamo l'esempio di voler dedicare mezz'ora alla lettura dei giornali la mattina appena svegli. Non tutti si alzano dal letto scattanti e pieni di energia, serve dunque una motivazione per farlo; nel nostro caso sarà proprio quella di effettuare questa personale "rassegna stampa". Procediamo con l'identificare un segnale che ci faccia venire in mente che è l'ora di effettuare la lettura dei giornali: ad esempio possiamo impostare la sveglia mezz'ora prima del solito, quell'orario inconsueto diventerà il segnale che ci ricorda l'azione. Una volta terminata la lettura degli articoli più interessanti per noi, è importante gratificare lo sforzo compiuto: essendo mattina presto, potremmo optare per una colazione con un cibo che ci piace particolarmente, riservandolo esclusivamente a questa occasione. Segnale (sveglia impostata a un orario preciso) - routine (lettura dei giornali) - gratificazione (cibo-premio a colazione).

Vi servirà una forte motivazione? All'inizio sì, inutile nasconderlo. Ma basterà tener duro per venti giorni o poco più... Il tempo necessario affinché la nuova routine diventi, appunto, abitudine.

Lo sapete qual è il vantaggio dell'abitudine? Che segue un percorso automatico. Proprio come azioni che svolgiamo quotidianamente, quali camminare o guidare. Una volta avvenuta la "trasformazione" le nuove routine non pesano più. Anzi, se ne sente la mancanza se vengono a mancare. Tra voi e le vostre nuove abitudini per ottenere una mente più creativa c'è un unico ostacolo: la volontà di programmazione. Prendete foglio e penna e buttate giù qualche idea di nuova routine positiva che vi possa portare un vantaggio in termini di creatività: una volta fatto il primo passo, scoprirete che è un percorso in discesa.

3.2 Come costruire un rituale mattutino che stimoli la creatività e l'intelligenza durante la giornata

È importante partire con il piede giusto. Tanto più importante, allora, è iniziare la giornata nel migliore dei modi possibili. Non è una frase fatta e non si tratta di un consiglio "zen", come molti potrebbero pensare; iniziare la giornata nella giusta maniera può permetterci di girare al regime ottimale per le ore successive, prendendo in prestito una metafora dall'ambito motoristico. Si tratta di mettere la nostra mente nelle condizioni migliori per rendere al meglio delle sue possibilità: per fare ciò, anche il fisico deve dare il suo contributo.

Soprattutto se pensiamo in ottica creativa. La creatività, ahimè, non si comanda tramite un pulsante - sarebbe comodo, ma non è così! - ma si può imparare a coltivare con costanza il substrato ideale alle idee migliori, affinché esse si possano manifestare. Di sicuro questo è un aspetto importante e spesso poco considerato della biografia di Leonardo: il genio di Vinci era un metodico stacanovista, per così dire, ovvero metteva molta disciplina e altrettanta auto-regolazione nelle sue attività. Non sarebbe altrimenti arrivato dove è arrivato.

Come possiamo alzarci dal letto un po' più geniali di quanto siamo abituati a fare? Abbiamo visto nel paragrafo precedente quanto sia importante coltivare delle abitudini positive: ecco, creare una routine mattutina che ci aiuti a essere più creativi durante tutto l'arco della giornata ha molto a che fare con ciò. Quindi preparatevi a impostare la sveglia e non abbiate paura di impegnarvi: i risultati vi ripagheranno di ogni sforzo, soprattutto perché, al di là di ciò che concretamente produrrete, vi sentirete meglio con voi stessi. Una mente creativa è paragonabile a un fisico in perfetta forma: chi non si sente bene quando è al top della forma? Partiamo da un concetto fondamentale: anche la mente ha bisogno di essere nutrita. Soprattutto la mente creativa. Dunque il primo passo per impostare una "routine per la creatività" è quello di trattare la nostra mente con i guanti, per così dire, nelle prime ore della giornata.

Primo consiglio: dite addio alle notifiche dello smartphone. La prima ora della giornata - le prime due, o la prima mezz'ora, dipende tutto dal tempo che avete a disposizione - deve essere priva di ogni fonte di stress. Alzarsi dal letto e controllare le notifiche arrivate durante la notte significa permettere agli altri di impostare il mood della nostra giornata. Significa anche permettere a eventuali fonti di stress di raggiungerci prima che la nostra mente sia pronta ad affrontarlo. Piuttosto, appena alzati dal letto potete dedicarvi a una di queste attività: lettura, meditazione, esercizio fisico, pianificazione della giornata.

Riguardo ai benefici della meditazione molto è stato scritto. La scienza ne ha dimostrato le straordinarie potenzialità per il benessere fisico e mentale; ciò che interessa a noi, in ottica creativa, è il suo potere di spegnere la mente razionale e stimolare l'attività dell'emisfero destro del cervello. Bastano dieci minuti a inizio giornata per dare una bella rinfrescata alle idee: è proprio il non pensare a nulla in particolare che ci permette di concretizzare idee ben strutturate in seguito, a valle della meditazione.

Questo è anche un ottimo modo, tra l'altro, per staccare la spina quando ci si sente senza forze mentali: se la soluzione non arriva, se non riusciamo a risolvere un rompicapo, la cosa migliore da fare è mettere momentaneamente su "OFF" la nostra mente razionale. Non servirà essere degli aspiranti monaci zen per meditare pochi minuti al giorno: il web è pieno di risorse ed esistono anche apposite app che aiutano a regolare e controllare la respirazione. Una ricerca su internet con la parola chiave "meditazione per l'emisfero destro del cervello" vi restituirà molte risorse a cui attingere.

L'esercizio fisico di prima mattina può sembrare un controsenso rispetto a quanto abbiamo detto, invece permette al corpo di ossigenare i tessuti e gli organi, tra cui quello che ci interessa di più nell'ambito di questo libro: il cervello. Anche qui, bastano dieci minuti, non è necessario effettuare un allenamento completo se non ve la sentite: ricordate, l'importante è dare l'impronta giusta alla giornata e permettervi di "energizzare" la mente nella maniera giusta.

Un'accurata progettazione è l'ingrediente fondamentale alla base di ogni successo. Inutile illudersi del contrario. Progettare ci permette di ottimizzare gli sforzi, anche quelli mentali.

Ecco perché nella vostra routine mattutina non dovrebbe mancare un momento di pianificazione della giornata: ovviamente riguardo ai compiti più importanti per voi (non è necessario stabilire quando andare in tintoria a ritirare le camicie!). Innanzitutto, fissatevi un obiettivo per la giornata. Qualcosa di semplice, che può essere raggiunto entro sera. Metterlo nero su bianco aiuterà la vostra mente a prendere una direzionalità.

In secondo luogo, partite dal compito più importante e scrivete una breve lista delle cose che volete fare durante la giornata. Qualcosa di realistico, una lista che vi aiuti appunto a ottimizzare impegno ed energia, non certo un elenco di doveri che può solo generare ansia in voi! Dopodiché non vi resta che personalizzare questa routine a vostro piacimento, in base al tempo che volete o potete prendervi e alle vostre priorità. Potete far spazio alla lettura di libri o giornali, all'approfondimento di qualche questione o materia, alla scrittura di un diario… Sono tante le attività che possono contribuire a dare la spinta giusta alla vostra mente di primo mattino, prestate ascolto a voi stessi e nel tempo riuscirete a organizzare la routine giusta per voi.

Ultimo fondamentale consiglio: iniziate con un piccolo passo. Ad esempio, con il puntare la sveglia "x" minuti prima del solito. E cominciate ad abituarvi a questa novità. Tenete duro e in breve diventerà un'abitudine, che vi permetterà di strutturare una routine mattutina vincente.

3.3 Esercizi per migliorare la memoria

Possiamo far diventare un'abitudine anche migliorare costantemente la nostra memoria. La memoria cosiddetta si compone in realtà di due processi mentali: la memorizzazione di informazioni nuove e il loro recupero quando necessario. Siamo molto lontani dall'idea classica di "riempire la testa" con nozioni nuove, la conoscenza è frutto di sofisticati processi mentali che agiscono su ciò che già sappiamo, legando alle vecchie conoscenze quelle nuove, al fine di immagazzinarle efficacemente nella memoria a lungo termine, il nostro "archivio" personale.

Stimolare l'attività mentale in generale e, in particolare, i processi di memorizzazione e di recupero di informazioni dalla memoria, è un ottimo modo per assicurarsi una mente sveglia e reattiva in qualsiasi fase della vita. È un dato di fatto che invecchiando la nostra mente corre il rischio di "arrugginirsi" un po'; e sono soprattutto le funzioni relative alla memoria quelle a più alto rischio di incepparsi.

Anche relativamente al miglioramento della memoria Leonardo può insegnarci qualcosa (ne dubitavate, forse?!). Lo sapete che uno dei modi migliori per stimolare l'attività mentale e migliorare la memoria è quello di scrivere con la mano non dominante? Proprio come aveva imparato a fare Leonardo, che probabilmente costretto in tenera età a imparare a scrivere anche con la mano destra – era mancino di nascita – continuò poi per sua volontà nella vita a utilizzare entrambe le mani, indifferentemente, per scrivere, disegnare, dipingere e svolgere altri compiti.

Ciò che oggi sappiamo è che "costringere" la nostra mente a guidare la nostra mano non dominante in un compito come la scrittura, le permette di utilizzare sinapsi normalmente ben poco utilizzate: andremo dunque ad attivare aree cerebrali solitamente poco attivate, a tutto beneficio della loro funzionalità e, quindi, delle prestazioni mnemoniche.

Un'attività più semplice e che porta anch'essa molti benefici alla funzionalità dei processi mentali è quella di utilizzare altri sensi al posto della vista per riconoscere oggetti noti. La vista è il senso più utilizzato dalla nostra mente, anche per quanto riguarda la memoria. La memorizzazione di nuove informazioni, come abbiamo accennato prima, è un processo mentale che opera in contemporanea tra passato e presente: le informazioni nuove vengono analizzate e raffrontate a quelle già presenti nel nostro "archivio" mentale, in modo da trovare "appigli" per legare i nuovi dati a quelli già in nostro possesso. Usiamo quasi sempre la vista per conoscere la realtà: sforziamoci regolarmente di utilizzare il tatto, ad esempio, o l'udito, o l'olfatto, quest'ultimo senso potentissimo ma ormai scarsamente utilizzato dall'uomo moderno.

Un altro esercizio che ha a che fare con i sensi e che mira a potenziare il nostro senso principale, la vista, è quello utilissimo di cambiare la prospettiva: Leonardo lo faceva regolarmente, e la pratica regolare gli consentì quella plasticità mentale e quell'intuito per cui tutti lo ricordiamo, tramite le sue stupefacenti opere.

È molto semplice, si tratta di costringere il cervello a utilizzare la vista in maniera inconsueta, per così dire, obbligandolo a riconoscere oggetti e forme note guardandoli da una prospettiva insolita. Prendete un oggetto qualsiasi e osservatelo... a testa in giù! Cercate di guardarlo con occhi nuovi, come se non lo aveste mai visto. Obbligate la vostra mente a "leggerlo" come fosse la prima volta: scoprirne le peculiarità, le caratteristiche, ipotizzarne la funzionalità in base a ciò che vedete, immaginare anche usi diversi rispetto a quelli abituali... Insomma, lasciate vagare la vostra mente e soprattutto cogliete l'occasione per lasciarle libertà creativa: questa nuova lettura di un oggetto già conosciuto potenzierà la capacità della vostra mente di riconoscere ed elaborare le informazioni provenienti dalla realtà.

Un ultimo e potente modo di stimolare la memoria è quello di potenziare la nostra capacità di visualizzazione, anch'essa utilissima nell'ambito dei processi che ci consentono di fissare informazioni nella memoria e successivamente recuperarle quando ci servono. Ci sono tanti modi per stimolare la visualizzazione mentale. Uno può essere quello, anche molto piacevole, di esercitarsi nei ricordi: potete partire da vecchie foto, vostre personali o relative al periodo storico in cui avete vissuto la vostra infanzia. Prendete una foto e cercate di ricostruire il contesto del ricordo che vi suggerisce: deve essere quanto più particolareggiato possibile. Colori, dettagli, particolari, ma anche profumi, odori, sensazioni fisiche... l'obiettivo è quello di immergersi mentalmente in quel mondo parallelo, passato, nel tentativo di riportarlo in vita.

Avrete capito che la visualizzazione e i sensi sono di fondamentale importanza per migliorare la possibilità di memorizzare efficacemente; potete ricorrere anche a tantissimi altri esercizi sulla memorizzazione "pura", quali quello di memorizzare ogni giorno qualche nuovo dato (anche solo un numero di telefono) o di effettuare a mente operazioni con numeri a doppia cifra. L'obiettivo di questo paragrafo era però quello di farvi vedere come potenziare le strutture alla base, quelle che rendono possibili i compiti di memorizzazione, dai più semplici a quelli molto complessi.

3.4 Cervello e creatività: come pensare con entrambi gli emisferi

"Gli artisti usano l'emisfero destro del cervello". Abbiamo letto così tante volte questa affermazione che ormai la prendiamo quasi come un dato di fatto, senza chiederci se ci sia davvero un fondo di verità. È un "gancio" molto usato negli articoli, sia sui giornali tradizionali che online, perché attrae l'attenzione di tutto quelli che, come noi, vorrebbero sapere se esiste una formula magica per alzarsi dal letto un giorno ed essere di colpo più creativi. Dei geni come Leonardo.

Abbiamo già detto che, purtroppo, non esiste bacchetta magica che possa trasformarci in ciò che non siamo, ma la bella notizia – e il motivo per cui state leggendo questo libro – è che con un po' di impegno, divertendosi anche, si può assolutamente imparare a essere più creativi e ci si può prendere cura del proprio cervello, allenandolo alla pari di un gruppo muscolare sul quale ci concentriamo in palestra. Ma riguardo agli emisferi, c'è qualcosa che dovremmo sapere?

Senza dubbio sì! I due emisferi in cui è diviso il cervello (la sua parte anteriore) sono collegati da un fascio di fibre nervose detto "corpo calloso". Ed è proprio lì il segreto, potremmo quasi dire il "segno di riconoscimento" di Leonardo: esso mette in comunicazione i due emisferi e permette quell'integrazione di potenzialità che trasforma un compito ordinario in un'attività da artista. Gli emisferi funzionano in maniera differente? No, però presiedono a funzioni diverse. Ovvero sono specializzati. L'emisfero sinistro del nostro cervello è quello dell'analisi, dell'approfondimento, della logica, del dettaglio; l'emisfero destro è quello della visione d'insieme, della sintesi, della visualizzazione, dell'intuito. Ecco perché è stato sempre associato agli artisti. Sicuramente l'emisfero destro è quello più coinvolto nelle attività artistiche: musica, disegno, arte, pittura... Mentre l'emisfero sinistro è quello chiamato in causa da attività che hanno a che fare con parole e numeri.

Ora però poniamoci una domanda: cosa sarebbe un racconto senza l'invenzione della storia e dei personaggi? E un'opera d'arte come la *Gioconda*, cosa sarebbe stata senza le conoscenze scientifiche e l'ossessione analitica per il dettaglio di Leonardo? Gli studiosi hanno infatti scoperto che i due emisferi sono sì separati e specializzati in funzioni diverse, ma comunicano costantemente e si integrano nelle loro funzioni quando sono impegnati in compiti coinvolgenti. La fluidità e la flessibilità mentale sono caratteristiche tipiche delle menti più brillanti e di chi possiede un'elevata integrazione tra le funzioni dei due emisferi. Proprio come Leonardo.

Ricordate cosa abbiamo detto riguardo a ciò che rendeva Leonardo geniale? Abbiamo parlato del suo straordinario equilibrio tra arte e scienza, della sua capacità di integrare le conoscenze più disparate, di contaminare discipline e ambiti con il solo fine di progredire nella conoscenza. Beh, questo modo di operare lo teneva molto allenato mentalmente, senza dubbio.

Così come la pratica di utilizzare entrambe le mani per svolgere le varie attività in cui si impegnava: ed eccoci al primo consiglio per imparare a pensare con entrambi gli emisferi, o meglio a utilizzarli tutti e due indipendentemente dal fatto che un'attività sia di pertinenza più di uno che dell'altro emisfero.

Impegnarsi a svolgere azioni con la mano non dominante non è solo un fantastico modo per potenziare memoria e facoltà mentali; fare cose tipicamente "da emisfero sinistro", come ad esempio scrivere, con la mano non dominante, stimolerà l'attività dell'emisfero opposto. L'attività cerebrale nell'emisfero destro, in questo caso, viene stimolata ed attivata proprio dal fatto che si utilizza la mano sinistra, in quanto ogni emisfero è connesso con l'attività motoria della parte opposta del corpo. Forzare il cervello a utilizzare un emisfero per compiti inusuali è come obbligarlo a fare "ginnastica": l'attività cerebrale nuova potrà favorire lo sviluppo di nuove connessioni e, in ultima analisi, anche di nuove idee. Che poi è proprio quello che vogliamo, no?

In generale è importantissimo non solo pensare, ma agire come Leonardo: misurarsi in molti compiti diversi e farlo sempre con una prospettiva nuova. È il famoso circolo virtuoso: più ci creeremo l'abitudine di fare così, più saremo naturalmente portati a fare così, ovvero a pensare in maniera originale e innovativa. In una parola, creativa.

Questo perché, come abbiamo visto, non operiamo mai esclusivamente con un solo emisfero. Il modo migliore per allenare il nostro cervello a utilizzare entrambi gli emisferi è quello di scombinargli costantemente le carte in tavola. Variate le vostre letture, spaziando tra generi anche molto diversi; tenete un diario delle vostre attività ma riservate delle pagine al disegno libero; arricchite il vostro diario con i colori, organizzando informazioni e sezioni proprio grazie al loro utilizzo; utilizzate il canale visivo per imparare qualcosa (video, documentari) invece che leggere; cimentatevi nello studio di uno strumento anche se non vi ritenete portati.

L'apprendimento è il migliore allenamento a cui potete sottoporre il vostro cervello. Perché durante l'apprendimento entrano in campo entrambi gli emisferi, al massimo delle loro potenzialità: quello destro elabora, produce opinioni e idee, che quello sinistro va ad "archiviare" nella maniera più opportuna. Ecco perché Leonardo non ha mai smesso di studiare le cose che gli interessavano: perché si teneva costantemente allenato al top della sua forma mentale, pur se in maniera inconsapevole.

3.5 Come aumentare la creatività e l'immaginazione

Continuiamo nella nostra ricerca di molteplici modi in cui allenare quel fantastico alleato che è la nostra mente. Abbiamo già stabilito che creativi si nasce e si diventa, ovvero che il potenziale inespresso dei nostri molteplici talenti è tanto e che occorre un po' di forza di buona volontà e qualche conoscenza per risvegliarlo. Talentuosi si nasce, questo ormai l'abbiamo appurato: la cosa difficile è rimanere creativi e "immaginifici" come eravamo da bambini. Esistono certamente molti modi di stimolare e sviluppare sia la creatività sia l'immaginazione. Vediamone alcuni tra i più potenti.

Novità: la prima regola fondamentale per assicurarsi una mente creativa è quella di dare in pasto costantemente novità al nostro cervello. E con "costantemente" intendiamo che deve proprio diventare un'abitudine. Non si tratta solo di studiare qualcosa di nuovo – cosa che aiuta moltissimo – ma di applicarsi a trovare novità in ogni aspetto della nostra esistenza. Bisogna proprio abituarsi a introdurre piccole novità ogni giorno nella propria vita. Per fare ciò bisogna avere una mente aperta: ogni cosa nuova diventa una sfida, anche piccola o piccolissima, e un'occasione per acquisire conoscenza. Oltre alla conoscenza acquisita, il beneficio maggiore di questa abitudine è quello di stimolare costantemente il funzionamento del cervello in aree diverse, e soprattutto incidere sulla flessibilità e fluidità di pensiero (che derivano anch'esse da una grande plasticità di questo importantissimo organo).

Cambio di prospettiva: mettersi nei panni di qualcun altro è un gioco divertente... e molto utile. Volete risolvere un problema in maniera creativa? O anche solo divertirvi per un breve tempo cogliendo l'occasione di allenare la vostra mente? Prendete un problema (qualsiasi, anche fittizio o di poca importanza per voi) e immaginatevi cosa avrebbero da dire a riguardo tre persone di vostra scelta. Una persona che conoscete molto bene, un personaggio pubblico o famoso, un bambino. Più particolari aggiungete al discorso, meglio è. Ciò vi permetterà non solo di ottenere soluzioni creative per il vostro problema, ma di sforzarvi a seguire processi logici che non vi appartengono: il risultato sarà una grossa stimolazione mentale! Nonché un bagaglio di idee e suggerimenti da aggiungere alla vostra "cassetta degli attrezzi".

Natura: numerosi studi scientifici hanno dimostrato come la natura abbia il potere di ispirare idee creative alle persone e migliorare i processi cognitivi. Sembrerebbe che gran parte di questo potere risieda nell'abbondanza di colore verde, ma anche paesaggi naturali di altri colori ed elementi naturali di vario tipo sono in grado di aumentare la produttività mentale.

Ricordate cosa ha fatto Leonardo per gran parte della sua infanzia? Ha osservato attentamente la natura, fin quasi a perdersi in essa... per poi ricavarne un bagaglio di conoscenze preziosissimo. Passare del tempo all'aria aperta e a contatto con gli elementi naturali stimola i sensi, che a loro volta stimolano il cervello, e ci permette di staccare la spina dalla mente razionale e farci trasportare dal flusso. Ovvero quando lasciamo che i pensieri si susseguano e facciano il loro corso senza imporre loro un ordine logico. Può essere molto importante fare ciò, soprattutto se ci si sente particolarmente bloccati.

Scrittura: se ci vengono nuove idee mentre siamo nella natura sarà meglio avere con noi un taccuino e una penna... spesso le intuizioni si manifestano proprio così, improvvisamente e fugacemente, e dobbiamo fare del nostro meglio per metterle nero su bianco. Perché poi passano, o meglio si modificano, e potremmo non essere in grado di ricordarcele. Scrivere è anche un fantastico modo per obbligare la nostra mente a dare un "volto" ai pensieri: tradurli in qualcosa di concreto, anche solo uno schema, ci aiuta a comprenderli, farli nostri, "maneggiarli" per poterci costruire sopra qualcosa. Oltre al fatto che la scrittura manuale permette di tenere in allenamento aree cerebrali di estrema importanza. Vi stupirete di quanto possa aumentare la vostra creatività se solo vi ricordate di darle gli strumenti necessari: un taccuino e una matita. Non serve di più, provare per credere.

Pensiero divergente: un fantastico modo per mettere il turbo alla vostra immaginazione è quello di allenare volontariamente il pensiero divergente. Come si fa? Ci sono diversi modi. Uno può essere quello di scegliere due parole a caso dal dizionario – proprio aprendo le pagine in maniera causale – e costringervi a scrivere una breve storia al riguardo: scrivere vi porterà a immaginare un mondo che non esiste nella realtà, e a definirlo con dettagli e particolari. Un altro modo è quello di scegliere un oggetto di uso comune (la cucina è sempre un buon "magazzino" di spunti), immaginarlo nella vostra mente per qualche secondo e poi immaginare che possa trasformarsi in un altro oggetto, plasmarsi in qualcosa d'altro: immaginate di piegarlo, torcerlo, ricombinare le sue parti... non ponete limiti alla vostra fantasia e sforzatevi di immaginare dieci "nuovi" oggetti che derivano da quello che avete immaginato in primis.

Brainstorming: è una tecnica talmente utilizzata che ormai la conosciamo quasi tutti, ma il suo valore non per questo ne viene sminuito. Il segreto per rendere il brainstorming un sistema efficace per sviluppare creatività e immaginazione è quello di renderlo più assurdo e veloce possibile: proprio così, buttare fuori idee senza pensarci troppo (anzi, senza pensarci proprio!) e plasmarle il più in fretta possibile, giusto per renderle concrete. Ci si può mettere l'obiettivo di arrivare a 100: la plasticità della mente ne ringrazierà e sicuramente tra quelle 100 idee bizzarre ce ne sarà qualcuna che varrà la pena annotarsi...

3.6 Come sfruttare le mappe mentali per aumentare il genio e la creatività

Sapete cosa sono le mappe mentali? Sono vere e proprie mappe per la mente, che aiutano il nostro cervello a muoversi tra concetti e informazioni, allo scopo di comprendere, memorizzare e ricordare più velocemente ed efficacemente. Aiutano l'apprendimento ma anche la creazione di nuove idee. Sono state teorizzate dallo psicologo inglese Tony Buzan negli anni Settanta del secolo scorso, ma udite udite... Leonardo le utilizzava, senza saperlo, quasi 500 anni prima! La sua abitudine a disegnare, prendere appunti, studiare "attraverso la carta" – ci rimane memoria di ciò negli straordinari *Codici* – gli permetteva una chiarezza di pensiero e una creatività senza pari per il suo tempo (né per il nostro, in molti ambiti). Possiamo imparare anche noi a usare il "metodo Leonardo" allenandoci nella costruzione di mappe mentali utili per i nostri scopi.

Innanzitutto qualche presupposto: sapete perché sono così efficaci, al punto da essere diventate uno strumento di apprendimento e creazione conosciutissimo, sul quale sono stati scritti decine, forse centinaia di libri? Perché sfruttano le potenzialità intrinseche del nostro cervello, che è in grado di elaborare e immagazzinare conoscenze in maniera molto più efficace quando al dato si associa un'immagine. Questo perché ciò permette di integrare le fantastiche potenzialità di entrambi gli emisferi (quello destro, che funziona meglio con le immagini, e quello sinistro, con parole e numeri). Inoltre, le mappe mentali sono espressione diretta del nostro modo di pensare: come un vestito tagliato su misura, si devono adattare alla nostra mente alla perfezione, ciò aumenta notevolmente la velocità dei processi mentali coinvolti nella memorizzazione e nella creazione di nuove idee.

La prima caratteristica fondamentale di una mappa mentale è dunque quella di essere artigianale, per così dire: dovrete prendere carta e penna – anzi, penne – e mettervi all'opera. Esistono alcuni software in commercio e anche alcune app, ma c'è consenso riguardo al fatto che costruirle manualmente, scrivendo e disegnando, permetta di potenziarne ulteriormente l'efficacia in quanto strumento utile per la nostra mente. Abbiamo detto penne, al plurale, perché è importante che la mappa mentale faccia uso di colori: essi servono per distinguere o accomunare idee e concetti, fare risaltare quelli principali e rendere più dettagliate le immagini.

Come riempire il foglio bianco? Il sistema è semplicissimo. Al centro del foglio va disegnato l'argomento della mappa. Proprio così: disegnato, può essere anche il disegno della parola, ma è importante iniziare la mappa con il piede giusto della creatività. Dal centro si diramano i vari rami principali: ogni idea o concetto correlato all'argomento principale lo scriveremo in fondo a uno dei rami. È importante che questi concetti siano brevi e densi di significato: le classiche parole-chiave che ci aiutano a esprimere un concetto ricco di sfumature. È importante anche corredare ognuna di queste parole-chiave con un disegno che aiuti ad esprimere il concetto.

Possiamo creare quanti rami primari vogliamo, l'importante è stare attenti alla gerarchia: ogni concetto che discende da quello principale andrà in un ramo primario, i concetti e le idee minori, che discendono dai rami primari, occuperanno le ramificazioni secondarie che da essi dipartono. Non esistono limiti di numero o di spazio: potreste trovarvi ad attaccare altri fogli a quello principale, e andrebbe bene così! È importante infatti tenere a mente che la mappa finisce quando l'argomento viene esaurito, dipende dunque dall'obiettivo che ci siamo posti in partenza.

Una volta ottenuta la nostra ramificazione, è il momento di trovare collegamenti e associazioni: le varie parole-chiave possono essere collegate tra di loro in maniera orizzontale (non verticale: quei collegamenti sono le ramificazioni), tramite frecce colorate. Questo ci servirà a collegare le idee tra di loro e nella nostra mente, elaborando le opportune inferenze.

Creare una mappa mentale è semplice, e in effetti la sua potenza sta proprio nella sua semplicità: la sua struttura può essere ramificata e "complicata" all'infinito, tutto sta nello scopo che vi siete prefissati. L'importante è che sia creativa, personale, ricca di significato e soprattutto pratica: deve aiutarci a capire, a memorizzare, a ricordare. Deve *stimolare il pensiero*.

Le mappe mentali sono anche uno straordinario strumento per lo studio: aiutano a fissare i concetti in memoria in tempi brevi e, grazie ai disegni e alle parole-chiave, permettono di recuperare interi ragionamenti in un tempo altrettanto breve, grazie proprio al "gancio" fornito dalle immagini, tramite cui il nostro cervello è in grado di recuperare la conoscenza giusta dal nostro enorme archivio mentale.

Conclusione

Abbiamo fatto un viaggio lungo 500 anni. Abbiamo messo sotto la lente di ingrandimento il genio di Leonardo da Vinci, per scoprire che il genio forse non si può definire, ma di sicuro si può comprendere il contesto in cui fiorisce. È proprio questo contesto quello che in questo libro abbiamo imparato a conoscere: l'ambiente in cui far sviluppare i talenti che ognuno di noi possiede. Si può certamente nascere con una marcia in più rispetto a un'altra persona. Ma ciò che conta veramente è quanto siamo capaci di coltivare quella predisposizione naturale; perché come Leonardo stesso dimostra, ciò che fai nella vita, e come lo fai, contano più di ogni altra cosa.

L'esplorazione del genio di Leonardo ci ha permesso di capire che la mente va allenata esattamente come un qualsiasi altro muscolo del nostro corpo. Anzi, assieme: mente e corpo sono interdipendenti, avere cura della propria salute fisica è il presupposto per il benessere mentale, e viceversa naturalmente. Leonardo stesso, attento studioso di anatomia, aveva gran rispetto per il corpo umano nella sua interezza: quel corpo che con l'*Uomo vitruviano* mette splendidamente al centro dell'universo.

Non era solo testa Leonardo, era anche cuore: ma

soprattutto era un concentrato di volontà. Il suo esempio ci serva da dimostrazione che volere è potere ma, soprattutto, che chi semina bene e costantemente non potrà non raccogliere copiosamente. Egli ha studiato per tutto il corso della sua esistenza, senza mai mettere un piede a scuola. I limiti imposti dalla società non l'hanno mai fermato: ha saputo piegarli a suo favore, grazie alle sue doti e perché mosso da una sete di conoscenza insaziabile.

Leonardo è stato anche un fulgido esempio di autodisciplina e ci ricorda come la conoscenza di sé stessi, dei propri processi mentali, sia un enorme vantaggio in campo creativo: conoscere i nostri punti deboli ci permette di superarli, imparare a gestire e superare le nostre debolezze ci rende virtualmente "imbattibili". Il nostro unico ostacolo saremo sempre e solo noi stessi.

Chiudiamo tornando, simbolicamente, all'inizio: Leonardo ha dato il via alla sua splendida parabola contemplando e quasi scrutando, indagando la natura. Guardandola attentamente negli occhi ha scoperto un mondo, anzi molteplici: il segreto del suo fantastico talento multidisciplinare è proprio quello, aver continuato a guardare senza mai porre dei limiti alla sua curiosità.

Dunque facciamo come Leonardo se vogliamo aspirare anche solo a una frazione dei risultati da lui raggiunti: non fermiamoci mai. La realtà non sarà mai conoscibile nella sua interezza e questo dovrebbe rassicurarci: c'è modo di soddisfare qualsiasi sete di conoscenza, qualsiasi tensione creativa. A patto di non smettere di tenere mente e animo aperti e desiderosi di novità.

IMPARA COME EINSTEIN

**Segreti e tecniche per imparare
qualsiasi cosa, sviluppare la creatività e
scoprire il Genio che è in te**

Introduzione

Albert Einstein e la maggior parte degli altri geni della storia offrono consigli pratici che chiunque può usare per imparare rapidamente, aumentare la propria attenzione, creatività o capacità di memorizzazione.

In fondo, se ci pensi bene, in un mondo nel quale esiste la teoria della relatività, Shakespeare e una rete mondiale di supercomputer che si collegano in un istante, non sarà poi così difficile trovare persone che possano imparare cose difficili in modo estremamente rapido.

Per fortuna, i geni dietro questi tipi di prodezze intellettuali sbalorditive sono stati più che disposti a condividere i loro consigli con il resto del mondo.

Einstein, in particolare, ha rivoluzionato il modo in cui concepiamo il mondo che ci circonda, ma non lo ha fatto sminuendo il suo lavoro e affrontandolo senza gioia. Secondo Einstein, grandi sforzi mentali e divertimento vanno di pari passo, e più ti diverti ad imparare, più velocemente è probabile che tu recepisca le informazioni necessarie e faccia progressi.

Nel 1915, Einstein diede il seguente consiglio a suo figlio di 11 anni, Hans Albert, che stava cercando di padroneggiare l'arte di suonare il piano: "Sono molto contento che il piano ti dia gioia... suona ciò che ti piace, anche se l'insegnante non ti assegna quel pezzo. Questo è il modo per imparare velocemente: quando fai qualcosa di così divertente che non noti neanche il tempo che passa, quando lavori e ti dimentichi di andare in pausa pranzo."

Come ti sentiresti se le persone pensassero che tu fossi la persona più intelligente della storia? Come potrebbe essere diversa la tua vita se tu fossi così intelligente? Sebbene spesso pensiamo ad Albert Einstein come una delle persone più intelligenti di sempre, vale la pensa indagare su cosa lo abbia reso tale. Le persone che parlano bene di lui spesso attribuiscono il suo genio a qualche dono misterioso. Non credono che la sua intelligenza derivi da un certo atteggiamento nei confronti dell'apprendimento. Invece, chiunque può ricercare alcune delle sue abitudini per diventare più intelligente e trovare un lavoro più gratificante.

Prima di analizzare Einstein e il suo genio, consideriamo alcuni fatti interessanti sulla sua vita.

Questi prepareranno il terreno per apprezzare un po' di più la sua filosofia educativa, e per vedere le cose nella giusta prospettiva.

- Sebbene lavorasse nel mondo stimato dell'ingegneria, il padre di Einstein fallì in diverse iniziative imprenditoriali e dovette essere supportato economicamente dai parenti.

- Quando il padre di Einstein chiese al preside di suo figlio quale professione il ragazzo dovesse scegliere, il preside disse: "Non importa; non riuscirà mai a far nulla".

- Einstein ha fallito il suo primo esame di ammissione presso la facoltà svizzera che voleva frequentare.

- Alcuni amici di famiglia dissero ai genitori di Einstein: "Quel giovane non farà mai niente di buono perché non ricorda mai nulla".

- Dopo essersi laureato all'università, a Einstein è stata negata una posizione di insegnamento di basso livello (invece, alcuni suoi compagni hanno ottenuto buoni posizioni nell'insegnamento).

- Molti scienziati e professori hanno rifiutato le sue richieste di lavorare per loro.

- Einstein ha lottato per alcuni anni anche per trovare un lavoro dignitoso e alla fine ha iniziato a lavorare come esaminatore di brevetti governativi di terza classe.

Queste cose rappresentano solo un assaggio dell'ironia sulla sua vita. Guardando indietro - alla luce del suo genio alla fine riconosciuto - questi fatti sembrano persino divertenti. Ma tienilo a mente. Le cose che gli altri hanno etichettato come punti deboli nel giovane Einstein si sono rivelate le stesse cose di cui ha successivamente avuto bisogno per distinguersi come genio.

Pensa a tutte le persone etichettate da insegnanti e psicologi come affette da disturbo da Iperattività o da deficit di attenzione ai nostri tempi. Sii consapevole che le persone che realizzeranno di più in futuro non stanno andando così bene a scuola in questo momento! Chiunque può diventare un genio. Dipende dalle scelte che facciamo, da come decidiamo di trascorrere il nostro tempo e da come troviamo le risorse di cui abbiamo bisogno per diventare migliori.

Einstein ha letto e studiato molto; ha lavorato

duramente per le sue passioni e sui suoi interessi. Questi sono elementi fondamentali per il successo di chiunque. Tuttavia, dopo aver eseguito uno studio approfondito della vita e degli scritti di Einstein, sono state identificate ulteriori abitudini sviluppate da questo genio che hanno portato ai suoi eccellenti risultati intellettuali.

1. Einstein: un genio dalla filosofia unica

1.1 Chi è Albert Einstein?

Albert Einstein annunciò il suo più grande successo, la teoria generale della relatività, a Berlino, più di un secolo fa, il 25 novembre 1915. Per molti anni quasi nessun fisico riusciva a comprenderlo. Ma dagli anni '60, dopo decenni di controversie, la maggior parte dei cosmologi ha considerato la relatività generale come la migliore spiegazione disponibile, se non la descrizione completa e l'unica che avesse davvero senso della struttura dell'universo osservato, compresi i buchi neri.

Eppure, anche oggi quasi nessuno, a parte gli specialisti, comprende la relatività generale - a differenza di teorie più famose come quella della selezione naturale di Darwin. Allora perché Einstein è lo scienziato più famoso e citato (anche in modo errato) del mondo - molto più di, ad esempio, Isaac Newton o Stephen Hawking - nonché un sinonimo universale di genio?

La fama di Einstein è davvero sconcertante. Quando tenne conferenze sulla relatività generale all'Università di Oxford nel 1931, il pubblico accademico riempì la sala, solo per allontanarsi, sconcertato dalla sua matematica e dal suo tedesco, lasciando solo un piccolo nucleo di esperti. Successivamente, un addetto alle pulizie cancellò le equazioni dalla lavagna (anche se per fortuna una lavagna è stata salvata ed è esposta nel Museo di Storia della Scienza di Oxford).

Tuttavia, quando Einstein e sua moglie apparvero come ospiti personali di Charlie Chaplin alla premiere del 1931 del film City Lights a Los Angeles, dovettero lottare tra folle frenetiche e incoraggianti (sulla quale, in precedenza, la polizia aveva minacciato di usare gas lacrimogeno). L'intero cinema si alzò in loro onore. Un Einstein un po' sconcertato chiese a Chaplin cosa significasse tutto questo. "Tutti mi incoraggiano perché mi capiscono e incoraggiano te perché nessuno ti capisce", scherzò Chaplin.

Negli anni '40, Einstein disse a un biografo: "Non ho mai capito perché la teoria della relatività, con i suoi concetti e problemi così lontani dalla vita pratica, abbia causato per così tanto tempo una vivace, o addirittura appassionata, risonanza tra ampie parti del pubblico... Non ho mai ancora sentito una risposta davvero convincente a questa domanda." A un intervistatore del New York Times, ha chiesto in modo disarmante: "Perché nessuno mi capisce, eppure a tutti piaccio?"

Parte del motivo della fama di Einstein è sicuramente il fatto che il suo primo, e più noto, successo - la teoria della relatività del 1905 - sembrava uscito di punto in bianco, senza alcun risultato precedente. Come Newton (ma diversamente da Charles Darwin), non c'erano persone famose e distinte nella sua famiglia. Non eccelleva particolarmente né a scuola né all'università (a differenza di Marie Curie); infatti, non è riuscito a ottenere una posizione presso l'università dopo la laurea. Non faceva parte dell'establishment scientifico e lavorava principalmente da solo. Nel 1905, stava lavorando come un semplice impiegato di brevetto, con un bambino appena nato. Il fatto che abbia creato la teoria della relatività rappresenta un'apparente e improvviso scoppio di genio, che incuriosisce inevitabilmente tutti.

Un ulteriore motivo della fama di Einstein è che era attivo in molte aree oltre alla fisica, in particolare politica e religione, incluso il sionismo.

È noto a questo proposito per la sua aperta opposizione alla Germania nazista dal 1933, per il suo sostegno privato alla costruzione della bomba atomica nel 1939 e per le sue critiche pubbliche alla bomba all'idrogeno e al maccartismo negli anni '50 (l'FBI di J. Edgar Hoover lanciò prontamente un'indagine segreta su di lui). Nel 1952, gli fu offerta la presidenza di Israele.

Chiaramente, la turbolenta vita di Einstein e le sue coraggiose posizioni affascinano molte persone che sono confuse dalla relatività generale. Secondo Bertrand Russell, "Einstein non era solo un grande scienziato, era un grande uomo". Jacob Bronowski propose che "Newton è il dio dell'Antico Testamento; Einstein è la figura del Nuovo Testamento... piena di umanità, pietà, un senso di enorme empatia".

Arthur C. Clarke credeva che fosse "la combinazione unica di genio umanista, pacifista ed eccentrico di Einstein" che lo rendeva accessibile - e persino adorabile - a decine di milioni di persone." Richard Dawkins si definisce "indegno di indossare le scarpe di Einstein... Condivido volentieri la sua magnifica magnificenza senza Dio".

Una tale combinazione di genialità solitaria,

integrità personale e attivismo pubblico è rara tra gli intellettuali. Quando si aggiunge il dono di Einstein all'aforisma arguto quando si tratta di stampa e pubblico, la sua fama unica non sembra più così sconcertante.

Dopotutto, chi poteva non rimanere affascinato dal suo popolare riassunto della relatività:

"Un'ora seduto con una bella ragazza su una panchina del parco passa in un minuto, ma un minuto seduto su una stufa calda sembra un'ora".

E poi: *"Per punirmi per il mio disprezzo dell'autorità, il Fato mi ha reso un'autorità."*

1.2 Che cosa possiamo imparare da Einstein?

Ogni tanto, nasce un uomo che è in grado di vedere l'universo in un modo nuovo, la cui visione sconvolge le basi stesse del mondo come lo conosciamo.

Con le sue idee ancora valide oggi, Albert Einstein aveva 22 anni quando attraversò da solo a piedi le Alpi. Nel suo percorso attraverso le montagne desiderava ardentemente afferrare il disegno nascosto, i principi nascosti della natura. In tutti gli ambiti della sua vita, Einstein avrebbe cercato l'armonia, non solo nella sua scienza ma nel mondo degli uomini.

Il mondo voleva conoscere Albert Einstein e tuttavia lui rimase un mistero per coloro che vedevano solo il suo volto pubblico, e forse anche per sé stesso. Tuttavia, ci sono alcune lezioni di vita pratica che possono rivelare il modo di pensare e formulare di Einstein e che possiamo utilizzare tutti nella nostra vita quotidiana.

Segui la tua curiosità

"Non ho un talento speciale. Sono solo appassionatamente curioso". Ciò che Einstein sta cercando di trasmettere con questo messaggio è che la curiosità è sempre in primo piano in tutte le basi della sua vita. Potremmo dire che siamo curiosi, ma spesso ci arrendiamo immediatamente quando abbiamo bisogno di superare degli ostacoli per rivelare e rispondere ai punti interrogativi.

Segui la tua curiosità, qualunque essa sia. Andrà infinitamente sempre più in profondità. Questo è ciò che ci divide dall'essere mediocri. Grazie alla sua curiosità, Einstein ha scavato in luoghi dove nessuno prima di allora pensava che i miracoli si potessero trovare.

Continua a scavare e rispondi a tutte le domande

lungo il percorso. Rimarrai stupito di come la vita possa essere straordinaria se affrontata con continua curiosità.

La perseveranza non ha prezzo

"Non è che io sia così intelligente; è solo che insisto sui problemi più a lungo".

Oltre a Einstein, tutte le ricerche fatte in precedenza (soprattutto su persone di grande successo), dimostrano che la perseveranza è ciò che li ha portati ad effettuare le loro scoperte principali.

Dicono che ogni problema a cui puoi pensare abbia almeno una soluzione. Se continuiamo a riflettere sul problema, analizzandolo e scomponendolo da ogni angolo, scopriremo almeno una soluzione.

Quindi, qualunque cosa alla quale tu possa pensare, che sia ponderabile, può sempre essere superata: qualsiasi cosa può essere risolta se il tuo carattere persevera abbastanza. Non rinunciare mai ai tuoi problemi irrisolti.

Fare errori

"Una persona che non ha mai commesso neanche un errore non ha mai provato nulla di nuovo." Questo significa che dovremmo attaccare con forza le paure e le incognite. Potremmo voler andare a lavorare a Milano, ma non scopriremo mai come ci si sente a lavorare a Milano se restiamo ad Ancona.

Abbi il coraggio di scoprire e il coraggio di sbagliare. Questo è ciò che divide le persone dal successo e dal fallimento. Non imparerai mai a conquistare le tue debolezze se non osi tentare senza timore di sbagliare.

Crea valore

"Non sforzati di avere successo, ma piuttosto sforzarti di avere valore."

Molte persone interpretano la parola "successo" in modo errato. Successo non è solo essere ricchi e avere una grande azienda che funziona perfettamente. Il successo consiste in tutto ciò menzionato finora, passo dopo passo, finché saremo in grado di apprezzare quelle cose mentre le creiamo e le sosteniamo.

Qualcuno di valore ispira gli altri a vivere nel modo giusto e fare la cosa giusta. Vivi secondo i tuoi valori religiosi, filosofici o spirituali. Una persona di valore ha etica, moralità, decenza, integrità, principi e onestà. Tutte quelle cose che uno dovrebbe sforzarsi di raggiungere.

La conoscenza deriva dall'esperienza

"L'informazione non è conoscenza. L'unica fonte di conoscenza è l'esperienza."

Quando vediamo una persona capace e adatta in una data situazione, concludiamo che la persona debba necessariamente avere molta esperienza. Non perché leggono molto e hanno una grande biblioteca a casa, ma perché si sono già trovati in molte situazioni simili e ora hanno una vasta e profonda conoscenza dell'ambito.

Dovremmo cercare di fare errori e acquisire esperienza su come "non" affrontare un problema particolare. È così che si forma l'esperienza.

Impara le regole e gioca meglio

"Devi imparare le regole del gioco. E poi giocare meglio di chiunque altro."

Ci vengono insegnate le regole del gioco durante il corso di tutta la nostra vita. Che ci piaccia o no, impariamo a giocare secondo queste regole. Se impariamo a preservare, persistere e acquisire esperienza più degli altri, saremo sempre un passo avanti a tutti.

Non significa che devi comportarti come tutti gli altri o fare le stesse cose che fanno le altre persone di successo. Una volta che avrai acquisito piena comprensione delle regole del gioco, sarai in grado di giocare meglio, sfidare le regole del gioco o cambiarle.

L'immaginazione è potente

"L'immaginazione è tutto. È l'anteprima delle prossime attrazioni della vita. L'immaginazione è persino più importante della conoscenza."

Anche se abbiamo chiarito il termine di conoscenza ed esperienza, l'immaginazione è qualcosa di simile al mondo 3D nelle nostre teste.

Credo fermamente che l'immaginazione provenga dalla conoscenza, dall'esperienza e soprattutto dalla lettura. Leggendo cose che riguardano il nostro ambito, non c'è nulla che non possiamo immaginare e fare per raggiungere i nostri obiettivi in quell'ambito. Il potere di immaginare è il potere di formulare un'immagine chiara di come si svilupperà il tuo futuro se fai una cosa particolare.

1.3 Il segreto per imparare qualsiasi cosa

Nel 1905, all'età di 26 anni, Albert Einstein ebbe quello che oggi chiamiamo il suo Anno dei Miracoli. Ha pubblicato tre articoli accademici che hanno completamente trasformato il campo della fisica. Molte persone attribuiscono la svolta creativa di

Einstein a una miscela del suo genio eccentrico e dei suoi sogni ad occhi aperti (uno dei suoi più famosi era visualizzare cosa sarebbe potuto accadere se avesse inseguito un raggio di luce).

Ma la vera storia della creatività di Einstein è molto più interessante e istruttiva. NON è la storia di un genio che fa qualcosa che noi non potremmo mai fare. È la storia di qualcuno che utilizza una serie di strategie che chiunque può replicare per ottenere delle scoperte creative incredibili. Queste strategie si nascondono in bella vista tra i più grandi scienziati e inventori della storia.

Certo, le probabilità che una persona che legge questo libro scopra la prossima Teoria della relatività sono minuscole. Persino Einstein non è stato in grado di replicare le proprie scoperte più tardi nella sua carriera. Tuttavia, ciò non cancella il fatto che l'uso delle strategie di creatività di Einstein può renderci notevolmente più efficaci e di successo, sia nel lavoro che nella vita privata.

Einstein non è chi la storia ci dice che era. Prima di compiere il suo anno miracoloso, l'ultima parola che un osservatore esterno avrebbe associato a Einstein era "genio". Come abbiamo visto, il suo preside gli disse che non avrebbe mai ottenuto nulla.

Ha lasciato la scuola superiore a 15 anni (e in seguito ha dovuto finire il suo ultimo anno di istruzione secondaria altrove prima di essere ammesso all'università). Fu uno dei pochi studenti della sua classe a non trovare lavoro dopo il diploma.

Quindi, tornò a casa e dopo alcuni mesi alla ricerca di una posizione iniziò a perdere la speranza. In un atto di disperazione, suo padre scrisse una lettera a uno stimato professore quasi chiedendo aiuto:

"Per favore, perdoni un padre che è così audace da rivolgersi a lei, stimato Professore, nell'interesse di suo figlio...Tutti coloro che sono in grado di giudicare la questione possono assicurarle che è straordinariamente studioso e diligente e si aggrappa con grande amore alla sua scienza... È oppresso dal pensiero di essere un peso per noi, persone di mezzi modesti..."

Il professore, purtroppo, non rispose; ma quattro anni dopo, Einstein ebbe il suo anno miracoloso.

Immagina un laureato di oggi che vive ancora con i suoi genitori e non riesce proprio a sistemarsi. Quindi immagina che un intero campo della fisica venga trasformato pochi anni dopo da quella persona. Sarai d'accordo sul fatto che questo è un evento raro a dir poco. Quindi ci si pone la domanda: in che modo un tale "fallito" ha dato alcuni tra i contributi più significativi della storia nel campo della fisica?

Per rispondere a questa domanda, dobbiamo renderci conto che mentre tutto ciò che abbiamo appena detto è vero, è solo una parte della storia. Einstein non iniziò ad avere successo dal giorno alla notte. Quando raccontiamo la versione ufficiale della storia di Einstein, semplifichiamo il tutto al punto da diventare ridicoli. Penseresti che Einstein si fosse seduto alla scrivania sognando a occhi aperti le sue grandi idee.

Le verità poco conosciute su Einstein sono duplici: fin dalla tenera età, Einstein aveva un tutoraggio individuale in matematica. Anche se ha mostrato una grande passione e talento per la materia, andava molto male a scuola. Inoltre, Einstein ha addestrato deliberatamente la sua immaginazione visiva per 10 anni prima del suo anno miracoloso.

Durante la sua carriera ha indicato la sua *fantasia*, non il suo pensiero razionale, come il segreto del suo impatto creativo. "Quando esamino me stesso e i miei metodi di pensiero, arrivo alla conclusione che il dono della fantasia ha significato più per me del mio talento nell'assorbire la conoscenza", ha spiegato Einstein più avanti nella sua carriera. Ha aggiunto: "Non ho mai scoperto nessuna delle mie scoperte attraverso il processo del pensiero razionale".

"La logica ti porterà da A a B. L'immaginazione ti porterà ovunque."

Quindi, come ha fatto esattamente Einstein a visualizzarsi come un genio? E come possiamo sviluppare questa capacità dentro di noi? Diamo un'occhiata a quello che ha fatto Einstein: 10.000 ore di addestramento sulla simulazione mentale.

"Il gioco e la fantasia spontanei sembrano essere le caratteristiche essenziali del pensiero produttivo."

La scuola che Einstein frequentò dopo essere stato espulso era una scuola d'avanguardia che enfatizzava il pensiero visivo. Fu qui che iniziò a visualizzare come la luce funziona in condizioni diverse.

All'età di sedici anni, Einstein iniziò a condurre esperimenti di pensiero sui fasci di luce. Questi esperimenti di pensiero erano esercizi mentali che aiutavano Einstein ad apprezzare le proprietà della luce e anche a notare anomalie e incongruenze. Einstein ha immaginato diverse condizioni e possibilità, perseguendo queste speculazioni per dieci anni.

Il giovane Einstein ha studiato a fondo ciò che gli scienziati moderni chiamerebbero esperimenti di pensiero: vedere e sentire una situazione fisica in modo quasi tangibile, manipolarne gli elementi, osservarne i cambiamenti - tutto ciò immaginato nella propria mente. Mentre conduceva queste visualizzazioni, Einstein vide un conflitto tra la sua intuizione e le equazioni di Maxwell, che all'epoca formavano la teoria prevalente del funzionamento dell'elettromagnetismo. Secondo un articolo del suo biografo sul New York Times, la tensione vissuta da Einstein a causa di questo conflitto gli fece sudare i palmi delle mani.

Dopo essersi laureato al Politecnico di Zurigo e aver trascorso diversi mesi a candidarsi senza successo a posizioni accademiche in tutta Europa, Einstein è stato finalmente accettato a svolgere un lavoro umile come impiegato di brevetto in Svizzera, dove ha lavorato per quattro anni.

Ma non perse questo tempo. Nello stesso articolo del New York Times, il biografo di Einstein descrive come Einstein iniziò a condurre esperimenti di pensiero sulla relazione tra luce e tempo:

"Ogni giorno, avrebbe tentato di visualizzare come un'invenzione e le sue premesse teoriche sottostanti avrebbero funzionato nella realtà. Tra i suoi compiti c'era l'esame di applicazioni per dispositivi che servivano a sincronizzare orologi distanti. Gli svizzeri (essendo svizzeri) avevano la passione di assicurarsi che gli orologi in tutto il paese fossero perfettamente sincronizzati... Più di due dozzine di brevetti sono stati rilasciati dall'ufficio di Einstein tra il 1901 e il 1904 per dispositivi che utilizzavano segnali elettromagnetici come radio e luce per sincronizzare gli orologi."

Imparando la storia di Einstein, ci allontaniamo dall'idea di successo come "lampo di genio" che accade da un giorno all'altro e dalla narrativa di Eureka, e troviamo invece un'abilità e un'abitudine apprendibili che Einstein ha esercitato e sviluppato nel tempo.

Se Einstein fosse stato l'unico a far questo, potremmo attribuire la sua abitudine di simulazione mentale a una stranezza personale. Ma approfondendo, ci accorgiamo di quanti dei più grandi inventori e scienziati della storia abbiano trascorso anni a praticare deliberatamente la simulazione mentale con modelli intellettivi (ad esempio il laboratorio della mente e la creazione di concetti scientifici). Grazie ad alcune di queste storie, possiamo ottenere idee creative su come incorporare la simulazione mentale nella nostra vita.

I grandi usano la simulazione mentale

Il modo più comune nel quale scienziati e inventori usano la simulazione mentale è quello di modellare la propria arte nella loro mente. Un esempio di questo approccio viene dall'autobiografia di uno dei più grandi inventori della storia, Nikola Tesla.

Fin da giovane, Tesla sviluppò un'attitudine ad evocare alla mente persone, società e mondi immaginari. Nella sua autobiografia, descrive come trascorreva ore ogni notte viaggiando con la propria mente, incontrando persone, vedendo nuove città e Paesi, facendo nuove amicizie. Quando aveva 17 anni, aveva praticato così tanto l'arte della simulazione mentale che trovò facile trasformare questa abilità in uno strumento per le sue invenzioni.

"Quando mi viene un'idea, inizio subito a costruirla nella mia immaginazione. Cambio la sua forma, apporto miglioramenti e utilizzo la mia mente come un dispositivo. Per me è assolutamente irrilevante se faccio funzionare la mia turbina nel pensiero o la collaudo nel mio negozio. Noto se è sbilanciata in ogni caso."

Non c'è alcuna differenza, i risultati sono gli stessi. La mente umana non nota la differenza tra ciò che è reale e ciò che è immaginato. In questo modo i geni della storia, tra cui Einstein e Tesla, sono stati in grado di sviluppare rapidamente e perfezionare un concetto senza toccare nulla.

"Quando sono arrivato al punto di incarnare nell'invenzione ogni possibile miglioramento a cui riesco a pensare e non vedo alcun difetto da nessuna parte, metto in forma concreta questo prodotto finale del mio cervello. Invariabilmente il mio dispositivo funziona come avevo immaginato che avrebbe fatto, e l'esperimento funziona esattamente come l'ho pianificato. In vent'anni non c'è stata una sola eccezione."

Un altro approccio meno comune, ma interessante nel caso della simulazione, è quello di costruire un modello di altre persone nella tua testa per apprendere in modo più efficace e sviluppare le tue abilità mentali.

La scienza mostra che coloro che hanno una migliore abilità di simulazione mentale sono in grado di prevedere meglio come gli altri risponderanno in determinate situazioni. È come una versione reale del film Next, in cui il personaggio di Nicholas Cage può vedere cosa accadrà tra due minuti nel futuro. Prima di avvicinarsi a una donna che vuole conoscere in una tavola calda, passa attraverso tutti i diversi approcci che potrebbe utilizzare fino a quando non trova quello che avrà successo. In un certo senso, tutti abbiamo questa capacità.

Questa capacità è rilevante per i venditori che desiderano anticipare le reazioni di un cliente. È rilevante per un genitore che vuole convincere il proprio figlio a fare qualcosa. È rilevante per qualsiasi artista che vuole sapere come verrà percepito il suo atto creativo. È rilevante per un imprenditore che vuole anticipare le esigenze di un cliente.

Questa capacità, inoltre, aumenta anche le nostre risorse per la risoluzione dei problemi consentendoci di attingere alla saggezza dei nostri idoli. Quando leggi, guardi e ascolti i tuoi idoli, come ad esempio Bill Gates, Warren Buffett, Elon Musk, Jeff Bezos, Charlie Munger e Ray Dalio, non ottieni solo la loro saggezza immediata. Ottieni anche un modello mentale grazie al quale puoi interagire e ottenere nuove intuizioni.

In una conversazione con gli studenti della Stanford Graduate School of Business, l'imprenditore miliardario Reneur e l'investitore Marc Andreessen condividono che uno dei loro "trucchi" nella vita è utilizzare i modelli mentali degli imprenditori della Silicon Valley che ammirano (Peter Thiel, Elon Musk, Larry Page), con cui interagiscono quando prendono decisioni.

In conclusione: siamo tutti nati con un'incredibile capacità di simulare la realtà usando i modelli mentali (tuttavia, spesso la sprechiamo).

La mente non è né un dispositivo logico né probabilistico, ma invece un dispositivo che effettua simulazioni mentali. Nella misura in cui gli umani ragionano logicamente o inferiscono le probabilità, fanno affidamento sulla loro capacità di simulare il mondo in modelli mentali. Questa idea è stata proposta per la prima volta una generazione fa. Da allora, i suoi sostenitori e critici l'hanno rivista e ampliata in centinaia di pubblicazioni.

Viviamo in un'era che premia la razionalità e la logica come le più alte forme di intelligenza. Negli ultimi decenni, sono stati identificati centinaia di pregiudizi cognitivi che mostrano quanto la nostra intuizione possa essere irrazionale.

Sì, i pregiudizi cognitivi sono importanti. Sì, la razionalità è fondamentale. Ma anche l'immaginazione e l'intuito lo sono! Questo ci ricorda che non dovremmo trascurare le miracolose abilità del nostro cervello. E dovremmo allenare la nostra intuizione - imparando i modelli mentali più preziosi.

Perché, se guardi in profondità molte delle più grandi scoperte della nostra società, prima che fossero logicamente provate, sono state precedute da molti anni di voli selvaggi di fantasia. Questo succedeva sempre, prima che l'inventore avesse il "lampo di genio" per cui sarebbe diventato famoso.

La mente umana è il sistema più complicato, elegante e sorprendente del mondo. Tuttavia, non ci viene mai insegnato come usarla al massimo delle sue capacità. Un vecchio detto dice che usiamo solo il 10% del nostro cervello. Ciò è stato dimostrato falso in senso letterale: non è che il 90% della nostra materia grigia stia dormendo. Ma può essere vero in senso metaforico. Abbiamo molto più potere di quanto ci diamo credito.

Diciamo che stai cercando un modo per costruire un modello di come pensa un'altra persona, ed essere in grado di essere oggettivo ed equo –così come essere in grado di vedere le cose dal suo punto di vista. Eppure, hai la tua opinione sull'argomento. Quindi provi a individuare tutto ciò che sai della persona e dici "ok, ecco le conclusioni che la persona X avrebbe raggiunto". Se dedichi abbastanza tempo a questo processo, inizierai ad essere in grado di avere queste conversazioni con te stesso.

Come utilizzare la tecnica di Einstein

Che tu sia un dipendente, un programmatore, un investitore, un consulente, un designer, un manager o un imprenditore, hai già un modello di come funziona il tuo campo, persino se le tue conoscenze al riguardo non sono estese.

Il trucco ora è trasformarlo in un modello consapevole per poi deliberatamente migliorarlo. Puoi farlo con la tecnica di Einstein, in pochi e semplici passaggi:

1. Costruisci consapevolmente un modello mentale di come funziona il tuo campo.

2. Metti alla prova il modello mentale nella tua mente stimolando mentalmente diversi scenari.

3. Metti alla prova la precisione del tuo modello mentale nel mondo reale.

Ripeti i passaggi 1–3 con le lezioni apprese nei passaggi 2 e 3.

Ora, suddividiamo ciascuno di questi passaggi:

Step 1: costruisci un modello mentale di come funziona il tuo campo.

Per costruire un modello generale, ti consiglio di imparare i più importanti modelli mentali per il tuo campo. In un certo senso, il compito principale di ogni persona è quello di costruire un modello del proprio mestiere e padroneggiarlo nella propria testa prima di dominarlo nella realtà.

- Un meccanico ha un modello mentale di un'auto.
- Un architetto ha un modello mentale di un edificio.
- Un economista ha un modello mentale dell'economia.
- Un tassista ha un modello mentale delle strade della città.

Step 2: prova il modello mentale nella tua mente, stimolando mentalmente i diversi scenari.

La simulazione mentale è così potente perché abbassa il costo della sperimentazione, permettendoti così di aumentare il numero di esperimenti che puoi eseguire.

Ad esempio, a seconda della nostra professione, è possibile simulare:

- Come un pubblico reagirà a un dipinto, un articolo, un video, un podcast o qualsiasi altro atto creativo a cui stiamo lavorando.

- Come un utente reagirà a una modifica dell'interfaccia utente o all'aggiunta di una funzionalità del prodotto.

- Come un potenziale cliente reagirà a un messaggio di marketing o di vendita.

- Come un investitore reagirà a un certo pitch.

- Come reagisce un avversario sportivo ai nostri movimenti.

- Come si svolgerà una decisione strategica nel futuro.

Step 3: prova l'accuratezza del tuo modello mentale nel mondo reale.

Geni del calibro di Edison, Bezos e Zuckerberg, seguono la regola dei 10.000 esperimenti. Nel lungo periodo, le persone e le organizzazioni che fanno più esperimenti hanno maggiori probabilità di avere più successo. Non è una coincidenza che le più grandi aziende del mondo siano anche i più grandi sperimentatori e che Jeff Bezos affermi: "Il nostro successo su Amazon è una funzione di quanti esperimenti facciamo ogni anno, al mese, alla settimana, al giorno".

Step 4: ripetere i passaggi da 1 a 3 con le lezioni apprese nei passaggi 2 e 3.

Quando simuliamo scenari nella nostra mente, otteniamo immediatamente un sottile istinto su ciò che accadrà e un'emozione che ci dice "qualcosa non va" o "questo è perfetto". Quando sperimentiamo nel mondo reale, otteniamo un feedback qualitativo e quantitativo.

2. Come leggere, imparare e concentrarsi meglio

2.1 Come imparare a leggere più velocemente e più efficacemente

Leggere è un'abilità che apprendiamo in tenera età che diventa un'abilità così intrinseca che probabilmente non ricordiamo di averla imparata affatto. Ma leggere velocemente è un'altra storia. Imparare a leggere più velocemente può promuovere benefici enormi e di fondamentale importanza per te e per la tua vita.

Quasi tutte le sfaccettature della nostra vita si intersecano con una forma di lettura. Leggiamo i segnali stradali per sapere come guidare i nostri veicoli sulle strade. Leggiamo i calendari sui nostri telefoni per tenere traccia dei nostri programmi. Leggiamo le e-mail al lavoro per tenerci aggiornati su progetti e riunioni.

Leggere è parte integrante della vita e scoprire come leggere più velocemente ed in modo più efficiente può essere un'abilità che ti porterà avanti in tutti gli spettri della tua vita.

Ecco le principali raccomandazioni per aumentare la tua velocità di lettura:

- Non subvocalizzare quando leggi
- Visualizza in anteprima quello che stai per leggere
- Tieni traccia dei tuoi progressi di lettura
- Salta le piccole parole quando leggi

I preziosi vantaggi di imparare a leggere più velocemente

L'adulto medio legge ad una velocità di 300 parole al minuto. Puoi fare vari test di lettura e comprensione online per testare le tue abilità attuali se desideri scoprire la tua velocità espressa in parole lette al minuto.

Secondo un test di lettura rapida, ecco quante parole al minuto le persone leggono in media:

- Studenti di terza elementare - 150 pam (parole al minuto)
- Studenti di terza media - 250 pam
- Adulti - 300 pam
- Studenti universitari - 450 pam
- Dirigenti - 575 pam
- Professori universitari - 675 pam

Dove ti trovi in questo spettro?

Certamente, si ottengono molti benefici dall'imparare a leggere più velocemente e in modo più efficiente. Tuttavia, oltre a poter navigare su Netflix in modo più efficiente, quali altri vantaggi si possono ottenere da abilità di lettura e comprensione più veloci?

1. Imparare a leggere più velocemente migliora la tua memoria

Leggere rapidamente non significa solo sfogliare la pagina. Si tratta anche di conservare meglio le informazioni che il tuo cervello sta elaborando.

Il cervello è un muscolo: più lo usi, più diventa forte. Le parti del cervello che si illuminano quando leggiamo sono strettamente associate a quelle parti del cervello che elaborano la memoria. Più forti sono le tue capacità di lettura, migliore diventa la tua memoria!

2. Imparare a leggere più velocemente migliora la tua concentrazione

Uno dei motivi per cui le persone hanno difficoltà a leggere è la mancanza di concentrazione. Soprattutto oggi, con l'integrazione della tecnologia digitale in tutti gli spettri della nostra vita, è più impegnativo che mai rimanere dedicati a un compito singolo.

Ammettiamolo: siamo facilmente distratti! Non c'è problema, perché possiamo imparare a riqualificare le nostre menti e concentrare la nostra energia imparando a leggere più velocemente.

3. Imparare a leggere più velocemente fa risparmiare tempo

Questo può essere abbastanza ovvio, ma è anche uno dei vantaggi più interessanti di imparare a leggere più velocemente. In poche parole: la lettura veloce ci fa risparmiare un sacco di tempo!

Se potessi leggere un'e-mail o un documento o una lettera nella metà del tempo normalmente impiegato, potresti utilizzare il tempo risparmiato per fare qualcos'altro. La tua produttività aumenterà del doppio e otterrai di più in meno tempo.

Imparare a leggere più velocemente ci rende persone più efficienti.

Ci sono pochi dubbi sul fatto che imparare a leggere più velocemente ci avvantaggia in diversi modi influenti, ma come si fa ad imparare? C'è un pulsante magico che puoi premere che in qualche modo hai trascurato fino ad ora?

Imparare a leggere più velocemente è un'abilità, il

che significa che è qualcosa che può essere insegnato, praticato e migliorato. Puoi migliorare il tasso di velocità a cui leggi utilizzando alcuni di questi suggerimenti pratici.

Quindi, ecco come leggere più velocemente e memorizzare di più.

1. Non subvocalizzare quando leggi

La subvocalizzazione è l'atto di pronunciare in silenzio ogni parola nella tua testa mentre leggi. È qualcosa che molte persone fanno inconsciamente quando leggono, ma fidati: se vuoi imparare a leggere più velocemente, dovrai stroncare questa abitudine sul nascere.

La subvocalizzazione ostacolerà solo la tua velocità di lettura e ti distrarrà dal significato intrinseco del testo. La prossima volta che leggi, vedi se riesci a individuare la tua subvocalizzazione. Più sei consapevole di questa abitudine, più facile sarà smettere di farlo.

Un trucco che può aiutarti è concentrarti su una parola sulla pagina e fissarla in silenzio per tutto il tempo che puoi. All'inizio ci sarà sicuramente una qualche forma di subvocalizzazione, ma vedi se riesci a sederti e aspettare che diminuisca. Alla fine, sarai in grado di vedere la parola senza dirla ad alta voce nella tua testa.

Esercitati con questa abilità la prossima volta che aspetti in fila per un appuntamento o sei sull'autobus. Stroncherai questa cattiva abitudine in pochissimo tempo!

2. *Anteprima di ciò che stai per leggere*

È più stimolante comprendere cosa stai leggendo quando ti sei già fatto un'idea di che cosa si tratti. Prima di metterti a leggere qualcosa, soprattutto se si tratta di un testo difficile, leggi prima l'anteprima o il sommario del documento. Cosa stai leggendo? Chi l'ha scritto e perché? Cosa pensi che conterrà il testo?

3. *Tieni traccia dei tuoi progressi di lettura*

Non saprai se sei migliorato se non sai da dove hai iniziato. Fai un breve test di velocità e comprensione per scoprire qual è la tua velocità di lettura di base.

Da lì, avrai un'idea migliore di come e quanto potrai migliorare. Esercitati a leggere e vedi se riesci a prendere un ritmo più veloce. Ricorda di darti il tempo di sviluppare questa abilità - dopo tutto è un'abilità!

Tra una o due settimane, controlla di nuovo la tua velocità di lettura (assicurati che sia lo stesso test, per risultati coerenti).

Sappi che i lettori più veloci al mondo leggono più di 1000 parole al minuto, quindi anche se la tua velocità è maggiore della media della popolazione, c'è sempre un ampio margine di miglioramento.

4. Salta le piccole parole quando leggi

Per essere chiari, saltare le parole piccole non è esattamente la stessa cosa di saltare ciò che stai leggendo. La scrematura è una grande abilità da coltivare, poiché può essere immensamente utile in determinate circostanze. Tuttavia, imparare a comprendere e conservare pienamente ciò che leggi ad un ritmo rapido è ancora più vantaggioso.

Imparare a leggere più velocemente significa eliminare le parole piccole e inutili che riempiono una pagina. Queste parole hanno certamente il loro posto, ovviamente, e abbiamo bisogno di loro per costruire frasi e idee! Tuttavia, quando stiamo cercando di leggere rapidamente, spesso possiamo saltare queste parole senza effetti negativi: "se", "è", "a", "il/la", "e".

Usa questi suggerimenti per una lettura veloce per aiutarti non solo a imparare a leggere più velocemente, ma anche a memorizzare di più! Ricorda che imparare a leggere più velocemente e in modo più efficiente ci mantiene produttivi.

Esistono diversi modi per aumentare la velocità di lettura. Se sei interessato a risorse esterne, ci sono corsi di lettura online che ti aiutano a imparare a leggere più velocemente e alcune app con programmi di lettura progettati per aumentare la tua velocità.

Quando possiamo fare di più in meno tempo, aumentiamo la nostra produttività - e questo è qualcosa di cui tutti possiamo beneficiare.

Non solo; quando padroneggiamo l'abilità della lettura veloce, rafforziamo le nostre menti. Diventiamo più focalizzati, più vigili e più consapevoli. Aumentiamo le nostre conoscenze e il nostro vocabolario. Diventiamo più fiduciosi nelle nostre capacità di elaborare e di comprendere idee nuove e stimolanti.

2.2 Come imparare meglio a seconda del proprio stile d'apprendimento

Man mano che sviluppi le tue abitudini di studio, è importante capire che tipo di studente sei in modo da poter elaborare le tue tecniche di apprendimento. Dopotutto, se riesci a identificare tecniche che giovano ai tuoi punti di forza, le tue possibilità di ricordare le informazioni e di imparare cose rilevanti aumentano in modo significativo.

Esistono tre tipi di stili di apprendimento: visivo,

uditivo e cinestetico. Se non sei sicuro di quale tipo di studente sei, sappi che ci sono diversi test disponibili online per scoprirlo. Una volta a conoscenza del tuo stile, troverai diversi suggerimenti per aiutarti a seconda dello stile di apprendimento più adatto a te.

Stile visivo

Prendi appunti a lezione: gli studenti visivi fanno fatica a ricordare ogni parola che il professore dice. Ecco perché è fondamentale prendere appunti durante le lezioni. Assicurati di annotare anche ciò che è scritto sulla lavagna. Una volta terminata la lezione, rileggi e riscrivi i tuoi appunti poiché quel processo di lettura e visualizzazione delle parole ti aiuterà a memorizzarle.

Sottolinea il materiale, con colori diversi in base a una tua logica personale. Questo processo è particolarmente utile per coloro che apprendono meglio attraverso la vista perché pensare attraverso il materiale di studio ti aiuterà a creare un modello visivo facile da capire e da ricordare per gli esami. Gli evidenziatori multicolori sono i migliori amici degli studenti visivi perché ricorderai ciò che leggi in base ai colori sulla carta. Assegna a ciascun colore un valore che dovrai richiamare, quindi utilizza i colori appropriati mentre leggi un certo libro, i materiali delle lezioni e gli appunti. Ad esempio, evidenziare il problema in giallo; la regola in verde, e così via.

Studente uditivo

La tua prima priorità come studente uditivo è prestare attenzione alle lezioni poiché l'ascolto è il modo in cui conserverai le informazioni. Inoltre, beneficerai anche della registrazione della lezione sul tuo smartphone. Quindi prendi il tempo di ascoltare le registrazioni dopo le lezioni e prendi nota mentre ascolti le informazioni (ricorda di chiedere al professore se per lui va bene essere registrato).

Ripeti ad alta voce: se sei uno studente uditivo, probabilmente ti ritrovi a parlare a voce alta anche quando non te ne rendi conto. È come se stessi - letteralmente - sentendoti pensare. Quando studi con esempi di domande sul saggio, leggi le domande e le risposte ad alta voce. Tieni presente che dovresti scrivere le risposte su carta mentre le pronunci, poiché i tuoi esami non sono tutti orali.

L'associazione di parole è un ottimo modo per gli studenti uditivi di studiare e ricordare i fatti. I dispositivi mnemonici, come canzoni o rime, sono fantastici da abbinare al tuo ambito. Il tuo cervello richiamerà automaticamente la canzone e le informazioni che rappresenta.

Studente cinestetico

Crea diagrammi di flusso: poiché gli studenti cinestetici imparano meglio facendo e sperimentando, la costruzione di una struttura per le note aiuterà la tua mente a comprendere le informazioni e riconoscere facilmente i modelli. Crea diagrammi di flusso e grafici in modo visivo quando riscrivi note e appunti. Ad esempio, utilizza Post-it di colore diverso per creare diagrammi di flusso su lavagne e pareti vuote. L'atto di creare il diagramma di flusso ti aiuterà a conservare le informazioni.

Combina un'attività con lo studio: gli studenti cinestetici ricordano meglio le informazioni quando svolgono attività. Prova a fare una passeggiata o allenarti in palestra mentre ascolti le registrazioni audio di lezioni e appunti.

Un altro modo per migliorare il tuo apprendimento è quello di impegnare le dita nello studio. Per tenerle occupate, ad esempio, sottolinea le parole e riscrivi le frasi per apprendere i fatti chiave. Digitare gli appunti e utilizzare il computer è un altro ottimo modo per rafforzare l'apprendimento attraverso il senso del tatto.

Perfezionare queste tecniche ora non solo ti aiuterà a capire il materiale a scuola o all'università, ma ti preparerà anche al momento dell'esame. Che tu sia uno studente visivo, uditivo o cinestetico, prova alcuni dei suggerimenti di studio per vedere quale funziona meglio per te.

2.3 Come concentrarsi e avere una mente chiara e limpida

Indipendentemente da ciò che vuoi realizzare nella tua vita, che si tratti di importanti progetti, grandi obiettivi o piccoli compiti che vuoi portare a termine, per essere produttivo devi avere una mente chiara e focalizzata. Le persone spesso cadono nella trappola della frenesia e procrastinano perché non hanno una mente chiara. Con tutti gli stimoli che ricevono, non riescono a trovare il focus per fare il loro lavoro con concentrazione.

Quindi perché vogliamo avere una mente chiara per concentrarci meglio? È davvero così importante?

In breve, la risposta è sì. Il flusso (*"flow"*), noto colloquialmente come concentrazione, è uno stato mentale in cui una persona che svolge un'attività è completamente immersa in una sensazione di concentrazione energica, con pieno coinvolgimento e godimento del processo dell'attività.

Quando sei nello stato di flusso, la tua capacità di concentrarti sul compito a portata di mano aumenta enormemente, la tua azione diventa fluida, sai cosa fare e lo fai automaticamente senza bisogno di pensieri coscienti.

Essere nello stato di flusso è uno dei momenti più potenti e creativi che si possano vivere quando si fa il proprio lavoro.

Sicuramente, ti sarà già capitato di trovarti in momenti in cui sei nello stato di flusso e sai esattamente cosa fare e poi lo fai istintivamente, in una frazione di secondo, e senti la gioia e la realizzazione perché hai fatto il lavoro perfettamente.

Se pratichi qualsiasi tipo di sport, saprai che di tanto in tanto si presenta un'opportunità. Questo è il momento in cui improvvisamente, solo per una frazione di secondo, si presenta un'opportunità imperdibile e puoi fare uno step in più.

L'adrenalina si precipita istantaneamente attraverso il tuo corpo, il tempo rallenta, i rumori di fondo svaniscono e puoi vedere chiaramente la tua prossima mossa. Puoi semplicemente sentirla. E il momento successivo accade istintivamente. Il tuo corpo si muove come un fulmine. Prendi l'opportunità al balzo. Dai un calcio alla palla.

Intercetti il passaggio. Tiri in rete.

In quel momento sei nello stato di flusso. Tuttavia, è difficile raggiungere lo stato di flusso quando si è distratti da mille stimoli diversi.

Molte volte, troverai estremamente difficile avere una mente acuta e chiara che ti permetta di concentrarti completamente su ciò che fai. Questo è il momento durante il quale dovresti fare qualcosa per liberare la mente, produrre lo stato di flusso e aumentare la tua concentrazione.

Ma cosa fare quando ti senti sopraffatto, stressato, senza direzione e ti risulta difficile concentrarti sui tuoi compiti perché hai una mente ingombra?

Stai da solo per un po'

Quando la tua mente è ingombra e trovi difficile concentrarti, allontanati. Stai da solo e in un posto tranquillo. Alcuni studi hanno scoperto che stare in solitudine può aumentare la produttività e consentire ai muscoli del cervello di rilassarsi e recuperare.

Mentre viviamo la nostra vita quotidiana, spesso non riusciamo a realizzare che attività come spostamenti quotidiani, distrazioni, persone, ambiente, routine e persino le cose che consumiamo hanno un impatto sulla nostra vita.

Se non gestiamo saggiamente e in modo sano queste attività, alla fine potrebbero spezzarci. Questo ci farà sentire male, giù, senza energia e sentiremo che la nostra ispirazione e motivazione sono pregiudicate.

Questo è il motivo per cui dobbiamo fare qualcosa per ripristinare la nostra salute mentale, stando un po' da soli. Grandi scienziati, tra i quali Albert Einstein, hanno fatto le loro scoperte più importanti in momenti di solitudine. Einstein, per esempio, ha postulato la teoria della relatività quando era in piedi alla stazione dei treni a guardare i treni che gli passavano accanto. Era in solitudine.

Inoltre, Isaac Newton ha scoperto la gravità quando ha visto cadere una mela dall'albero nel suo giardino. Era in uno stato di solitudine mentre il pensiero del principio di gravità lo colpiva. Quindi programma un momento per essere in solitudine. Riposati. Trascorri del tempo da solo per capire meglio te stesso.

Impegnati in attività fisiche

Ecco un altro ottimo consiglio per chiarire la tua mente e concentrarti meglio su ciò che fai: impegnarsi in attività fisiche come una camminata veloce, andare in palestra e fare una corsa.

La scienza ha scoperto che l'esercizio fisico è un ottimo modo per sbarazzarsi dello stress dai nostri corpi. Tuttavia, trovare la motivazione per andare in palestra o correre può essere il più grande ostacolo da superare.

In media siamo seduti per 9,3 ore al giorno, che è molto più delle 7,7 ore che passiamo a dormire.

Sedersi è un'azione così normale, che non ci chiediamo nemmeno quanto lo stiamo facendo. In questo modo, sedersi è diventato il "fumo" della nuova generazione. Quindi, se il tuo lavoro ti richiede di rimanere seduto per lunghe ore, assicurati di trovare il tempo per fare un po' di esercizio fisico. Non rimanere seduto per tantissimo tempo senza muoverti.

Steve Jobs era noto per la sua abitudine di camminare spesso; durante le sue camminate, trovava soluzioni creative a questioni che parevano irrisolvibili.

Pertanto, intraprendi attività fisiche per aumentare la tua creatività, produttività e anche per liberare la mente per una migliore concentrazione. Di tanto in tanto, alzati, allunga i muscoli. E non dimenticare di allenarti regolarmente.

Le persone di maggior successo vanno a fare

esercizio fisico prima di iniziare la giornata lavorativa. Se le persone di grande successo credono che l'esercizio fisico sia importante e trascorrono del tempo a farlo anche quando hanno un programma quotidiano intenso, non pensi che dovremmo farlo anche noi?

Fai qualcos'altro di totalmente diverso

Un modo intelligente per promuovere una mente chiara è fare qualcos'altro che non ha alcun legame con la tua occupazione principale. Quando ti senti bloccato e non riesci a concludere nulla, quello che devi fare è allontanarti dalla situazione, dalla mente ingombra.

Archimede ha scoperto il principio di galleggiamento mentre faceva il bagno. Quando ti lasci andare, permetti alla tua mente di lavorare sul problema a livello subconscio. Quando ti senti bloccato e non stai arrivando da nessuna parte, fermati e fai qualcos'altro. È un ottimo modo per disconnettersi dal problema o dalla difficile situazione in cui ci si trova.

Parla con qualcuno di positivo

Questo è ciò che molte persone scelgono di fare quando si sentono bloccate. Il problema però è che la maggior parte di loro sceglie di parlare con la persona sbagliata. Scelgono di parlare con qualcuno che non è di supporto e qualcuno che condividerà con loro ancora più esempi e notizie "negative".

Se vuoi condividere i tuoi problemi o difficoltà con gli altri, scegli la persona giusta. Se hai mentori, parla con loro. Se hai degli allenatori, parla con loro. Se conosci qualcuno che ha successo, parla con loro. Parlare con persone più positive e di successo di te ti permette di assorbire il loro pensiero e le loro convinzioni.

Dopo la conversazione ti sentirai meglio, avrai una mente più chiara e sarai in grado di concentrarti di più. Oltre a ciò, parlare con gli altri è utile perché sapere che hai sempre qualcuno disposto ad aiutarti e supportarti ti dà più sicurezza per affrontare le difficili situazioni della vita.

Scrivi i tuoi pensieri

Quando eri ancora un adolescente, potresti aver tenuto un diario in un posto segreto e probabilmente avrai confessato al tuo diario tanti segreti ed esperienze. Scrivere un diario e riempirlo dei tuoi pensieri ti farà sentire bene, e ti aiuterà a rendere il mondo un posto più chiaro.

Anche se potresti aver abbandonato l'idea di scrivere su un diario e scrivere i tuoi pensieri, il principio alla base e i suoi benefici rimangono estremamente validi.

Scrivere un diario riduce lo stress e l'ansia, aiuta a far fronte alla depressione, migliora il tuo umore, dà la priorità ai tuoi problemi e può anche funzionare come un'opportunità di identificare pensieri e comportamenti negativi.

Quindi la prossima volta che vuoi avere una mente chiara e una concentrazione migliore, scrivi semplicemente i tuoi pensieri su carta.

Medita o fai yoga

Sappiamo tutti che la meditazione e lo yoga fanno bene alla salute fisica e mentale. Il problema è che non sappiamo come farlo e, spesso, ci manca la motivazione per farlo.

Puoi fare buon uso di YouTube, e in generale di internet, per imparare a fare yoga anche nel comfort di casa tua. Ricorda, quando non hai idea di come fare qualcosa, Google e YouTube possono essere il tuo miglior insegnante.

Pratica la respirazione profonda

I benefici della respirazione profonda sono enormi:
- Funziona come antidolorifico naturale
- Migliora il flusso sanguigno

- Aumenta il livello di energia
- Migliora la postura
- Riduce l'infiammazione
- Disintossica il corpo
- Stimola il sistema linfatico
- Migliora la digestione
- Rilassa mente e corpo

È una lunga lista. E questi benefici sono ciò che rende la respirazione profonda un buon modo per liberare la mente e raggiungere un migliore livello di concentrazione. Dedicare anche solo pochi minuti ogni giorno a praticare la respirazione profonda può aiutare il tuo benessere generale.

Ma la domanda è: come respirare correttamente e come praticare la respirazione profonda?

Ecco una tecnica semplice: segui il metodo di respirazione 4-6-8.

Inspira per 4 secondi, trattieni il respiro per 6 secondi, quindi espira per 8 secondi. E fallo un paio di volte regolarmente durante il giorno.

Quindi, ogni volta che sei stressato e fai fatica a concentrarti sul tuo lavoro, usa questa tecnica di respirazione profonda. Certo, sarà ancora meglio se puoi prendere l'abitudine di farlo regolarmente piuttosto che farlo ogni volta che senti stress.

Passa del tempo in mezzo alla natura

Quando è stata l'ultima volta che ti sei avvicinato alla natura? Se vivi in una grande città frenetica, l'ultima volta che hai trascorso del tempo nella natura potrebbe essere molto tempo fa.

Immagina di vivere in una casa tranquilla immersa nel verde. Puoi sentire il cinguettio degli uccelli e ogni mattina quando apri gli occhi, puoi sentire il sole del mattino sul tuo viso. Ogni respiro che fai è d'aria fresca e lo scenario è semplicemente bello. Che impatto pensi questo avrà sulla tua vita? O sulla tua mente ingombra?

Questo è il motivo per cui avvicinarsi alla natura è anche un ottimo modo per liberare la mente e sviluppare una migliore concentrazione sul proprio lavoro. Se trascorri del tempo al centro commerciale, vedendo la folla di persone che corre a destra e a sinistra, alla fine della giornata, quando tornerai a casa, ti sentirai stanco e senza energia.

Cerca di trascorrere del tempo nella natura, fai una passeggiata, poi siediti in silenzio e ascolta e senti la natura. Quando avrai finito e tornerai a casa, ti sentirai fresco ed energico.

Questa è la differenza tra trascorrere del tempo nella natura e passare del tempo in un centro commerciale. Quindi, programma più tempo per essere a contatto con la natura. Senza esagerare: avvicinarti alla natura non significa che devi lasciare il lavoro e tornare a vivere nelle caverne. Trova solo un momento per ammirare la natura tutt'intorno a te.

Creare e partecipare a progetti skunkworks

La designazione "skunkworks" è ampiamente utilizzata in ambito commerciale, ingegneristico e tecnico per descrivere un gruppo all'interno di un'organizzazione, al quale viene dato un alto grado di autonomia e non ostacolato dalla burocrazia, il cui compito è di lavorare su avanzati progetti segreti.

Sai che il primo computer Apple Macintosh è stato sviluppato da un progetto skunkwork?
Non solo Apple, Google ha inserito i progetti skunkworks nella cultura della propria azienda, in cui i dipendenti possono dedicare il 20% del loro tempo di lavoro a progetti secondari che gli interessano.

Come risultato di questi progetti skunkworks, sono stati creati prodotti di grande successo tra cui Gmail, Adsense e Google News. E quando si tratta di avere una mente chiara con una maggiore concentrazione, il coinvolgimento in progetti skunkworks è fantastico perché distoglie l'attenzione e ti consente di concentrarti su altre cose che ti interessano.

Non solo i progetti skunkworks sono un ottimo modo per far funzionare liberamente la tua creatività, ma anche un ottimo modo per liberare la mente.

Tutti possono avviare un progetto skunkwork. Indipendentemente dal settore in cui lavori, puoi sempre passare del tempo a perseguire ciò che ami, specialmente nel tuo tempo libero.

Ad esempio, se ami la lavorazione del legno, puoi creare un blog o una pagina Facebook o un canale YouTube per condividere idee e lavori. Chissà, un giorno il tuo side-project potrebbe diventare così grande da diventare un business a sé stante. Tuttavia, per ora, ricorda che stai usando uno skunkworks come un modo per liberare la mente dal tuo progetto principale.

Immergiti e fallo

Tra tutti i suggerimenti, questo è sicuramente il più impegnativo. Quando senti che la tua mente è ingombra e bloccata, puoi scegliere di allontanarti dal tuo lavoro, ma puoi anche scegliere di resistere e continuare a concentrarti.

In questo caso, vuoi solo forzare il flusso delle idee della tua mente. Quindi, comincerai a lavorare lo stesso. E mentre lo stai facendo, le idee inizieranno a fluire e la tua mente si libererà. Le cose diventeranno un po' più facili. La motivazione e l'ispirazione arriveranno. E ti ritroverai a lavorare in modo produttivo in pochissimo tempo.

Naturalmente, se scopri che questo metodo non funziona per te, fai altre cose. Ad ognuno i suoi metodi!

3. Tecniche di apprendimento e memorizzazione

3.1 Metodo d'apprendimento effettivo SQ3R

Il metodo SQ3R è un approccio strategico comprovato e graduale all'apprendimento e allo studio dei libri di testo. È un metodo che funziona perché ti aiuta a scoprire fatti e idee importanti contenuti nel libro di testo, e a padroneggiare e conservare tali informazioni in modo da essere pronto per un esame.

SQ3R è un'abbreviazione per aiutarti a ricordare i passaggi e per semplificare i riferimenti. Ognuna rappresenta un passaggio eseguito nell'uso del metodo: Survey, Question, Read, Recite e Review. Di seguito viene fornita una descrizione di ciascuno di questi passaggi.

Questi cinque passaggi ti aiuteranno a rendere il tuo tempo di studio più efficiente ed efficace. Mentre questo metodo richiederà tempo e pratica per essere padroneggiato, una volta appreso e applicato, non sarà più necessario rileggere i capitoli dei libri di testo.

Il vantaggio aggiuntivo dell'utilizzo del metodo SQ3R è che spesso troverai le tue domande su un test. Poiché molti istruttori usano il libro di testo come strumento per i corsi che insegnano, le domande di prova verranno dalla stessa fonte che hai usato tu. Mentre rivedi i tuoi appunti e i tuoi testi, sarai in grado di prevedere e preparare le risposte a molte domande d'esame.

INDAGINE (*Survey*): [prima della lezione]

Lo scopo del sondaggio del capitolo è quello di avere un'idea generale di cosa si tratterà, di che tipo di informazioni fornisce l'autore, in quanti argomenti secondari le informazioni sono suddivise e quanto tempo dovrai passare a leggerlo. Questa indagine non dovrebbe richiedere più di 10-25 minuti, anche nel capitolo più lungo, e dovrebbe essere composta seguendo lo schema seguente:

- Titolo del capitolo
- Introduzione
- Obiettivi
- Vocabolario
- Sommario
- Domande di verifica
- Intestazioni in grassetto

- Grafici e didascalie di accompagnamento

DOMANDA (*Question*): [prima della lezione]

Trasforma ogni intestazione in grassetto in una domanda usando una delle seguenti parole: chi, cosa, dove, quando, perché o come.

Il motivo per cui dovresti creare una domanda per ogni titolo è quello di stabilire uno scopo per leggere il materiale in modo più dettagliato. Quando stai leggendo per trovare la risposta a una domanda specifica, stai leggendo attivamente.

LEGGI (*Read*): [dopo le lezioni]

Leggi attivamente la sezione del testo che accompagna l'intestazione per una risposta alla domanda che ti sei posto nel passaggio 2. La risposta sarà generalmente costituita dall'idea o dalle idee principali dei paragrafi e dei dettagli di supporto. Leggi la sezione per trovare la risposta. Lo scopo della lettura è trovare la risposta alla tua domanda.

RECITA (*Recite*): [dopo le lezioni]

Rispondi a ogni domanda a parole tue o riformula le parole dell'autore. Assicurati di poter ricordare la risposta, non solo riconoscere le informazioni come corrette. Scrivi le domande sul tuo quaderno insieme ad alcune parole chiave o frasi che riassumono la risposta. Lo scopo è quello di aiutarti a pensare e comprendere ciò che hai letto. Quando riscrivi o riformuli ciò che leggi, la tua comprensione e memoria miglioreranno.

REVISIONE (*Review*): [prima della prossima lezione]

Per rivedere, memorizzare le risposte e porsi le domande. Se non riesci a rispondere alla domanda, guarda i tuoi appunti e mettiti alla prova di nuovo. Una volta che sei sicuro di conoscere e comprendere la domanda e la risposta, selezionala. Lo scopo della revisione è di aiutarti a prepararti per l'eventuale test. Ricorda che pochissime persone leggono libri di testo per piacere; vengono letti per acquisire informazioni e per ricordare e applicarle nella situazione di un test. La revisione ti aiuta a ricordare le informazioni.

3.2 Mappe cognitive, mentali e concettuali

La mappatura cognitiva, quella mentale e quella concettuale sono tre potenti strategie di mappatura visiva per l'organizzazione, la comunicazione e il mantenimento della conoscenza. Ci aiutano a delineare idee, processi complessi e riconoscere modelli e relazioni.

Una mappa cognitiva riproduce, come il riflesso di uno specchio, la struttura dei neuroni e della modalità di pensiero più usata dalle menti geniali quali Einstein o Leonardo da Vinci, il pensiero radiale. Immagina un grande computer che si irradia, su un'infinità di concetti chiave, in un numero infinito di nodi e di dati.

Grazie alle mappe cognitive potrai comunicare in modo efficace, generare idee e progetti nuovi, elaborare informazioni, memorizzare meglio, arricchire le tue presentazioni e molto altro.

Mappe cognitive, mappe mentali e mappe concettuali sembrano simili; questa somiglianza provoca confusione. Esistono tre modi diversi per visualizzare un modello mentale, che appartengano al progettista, al ricercatore o all'utente. Ognuno ha i suoi punti di forza e benefici.

- Mappe cognitive

Le mappe cognitive sono il termine ombrello per tutte le rappresentazioni visive di modelli mentali. Tutte le tecniche di mappatura descritte sono istanze di mappe cognitive.

Definizione: una mappa cognitiva è qualsiasi rappresentazione visiva del modello mentale di una persona (o di un gruppo) per un determinato processo o concetto. Le mappe cognitive non hanno regole visive alle quali devono obbedire: non ci sono restrizioni sul modo in cui i concetti e le relazioni tra loro sono rappresentati visivamente.

Storia: l'idea della mappa cognitiva nasce dal lavoro dello psicologo Edward Tolman, famoso per i suoi studi su come i topi hanno imparato a navigare nei labirinti. In psicologia, ha una forte connotazione spaziale - le mappe cognitive di solito si riferiscono alla rappresentazione di uno spazio (ad esempio un labirinto) nel cervello.

Le mappe cognitive sono state utilizzate da allora in una serie di campi; Colin Eden, un ricercatore di operazioni, ha usato il termine in un senso più ampio per riferirsi a una rappresentazione del modello mentale di qualsiasi tipo di processo o concetto (spaziale o meno).

Esempio di una mappa cognitiva: Il mapping cognitivo è in formato libero e può includere numerosi metodi di visualizzazione, inclusi elenchi puntati, diagrammi di flusso, diagrammi concettuali o mapping di affinità. Possono essere mappe digitali (e quindi ad alta fedeltà), o mappe cognitive a bassa fedeltà e create con carta, penna e adesivi.

Caratteristiche:

- La mappatura cognitiva viene utilizzata in una vasta gamma di discipline per una varietà di scopi. Le mappe cognitive sono il tipo più generale di visualizzazione del modello mentale.

- Le mappe cognitive non devono aderire a un formato specifico. Pertanto, sono spesso astratte e non hanno una gerarchia coerente. Sono flessibili e possono ospitare una vasta gamma di concetti o situazioni che devono essere rappresentati.

- Le visualizzazioni (di qualsiasi tipo) aiutano nell'elaborazione cognitiva; possono aiutarci a perfezionare il nostro pensiero, le nostre idee e la nostra conoscenza. Ad esempio, una visualizzazione diventa uno strumento utile per descrivere dove è accessibile una nuova funzionalità o quando un nuovo membro del team è integrato in un nuovo sistema complesso.

- Identifica temi attraverso concetti diversi. Presentare concetti in un formato visivo può far emergere nuovi schemi e connessioni.

- Stimolazione del modello mentale. La mappatura cognitiva può aiutare i ricercatori a comprendere i modelli mentali degli utenti di un sistema o di un processo. Questa comprensione può essere cruciale quando si ricercano sistemi complessi o anche quando si intraprende la progettazione di un nuovo prodotto. La stimolazione del modello mentale viene di solito effettuata attraverso interviste individuali in cui i partecipanti costruiscono una rappresentazione visiva del loro modello mentale dell'argomento di ricerca. La mappa cognitiva risultante è una rappresentazione tangibile dei pensieri del partecipante e può servire da stimolo alla conversazione per il facilitatore. Diverse mappe di questo tipo possono essere raggruppate in base alle loro caratteristiche; queste categorizzazioni possono guidare il processo di progettazione.

Le prossime due sezioni descrivono due tipi più vincolati di mappe cognitive: mappe mentali e mappe concettuali.

- Mappe mentali

Le mappe mentali sono il tipo più semplice di mappe cognitive. Hanno una gerarchia e un formato chiari e sono relativamente veloci da creare e utilizzare. Per le mappe mentali la conoscenza sta nei concetti. Esse sono particolarmente indicate per lo sviluppo della creatività (brainstorming).

Definizione: una mappa mentale è un albero che rappresenta un argomento centrale e i suoi argomenti secondari. Servono ad aiutare la mente a digerire concetti complessi in modo divertente, creativo e personalizzato.

Storia: Le caratteristiche principali delle mappe mentali sono radicate nello sviluppo di reti semantiche, una tecnica ideata negli anni '50 per rappresentare la conoscenza. Nel 1974, l'autore britannico Tony Buzan rese popolare il termine "mappatura mentale".

Esempio di una mappa mentale: Le mappe mentali hanno un argomento principale centrale, con nodi che si diramano verso l'esterno e le parti periferiche.

Caratteristiche:

- Organizzazione e struttura chiare. Le mappe mentali sono limitate alle strutture ad albero. Hanno flussi chiari e diretti verso l'esterno dalla radice dell'albero alle sue foglie.

- Un argomento centrale. Nelle mappe mentali, tutti i nodi (tranne la radice dell'albero) hanno solo un nodo padre. Ogni nodo può avere figli corrispondenti agli argomenti secondari di quel concetto. Ogni concetto in una mappa mentale può essere ricondotto direttamente all'argomento principale.

- Non vi è definizione delle relazioni. Non vi è alcuna distinzione tra diversi tipi di relazioni tra i nodi: tutti i bordi dell'albero sono rappresentati allo stesso modo e senza etichetta.

- Logica "associazionista": ciò che lega i concetti è la loro associazione a proprietà, idee, pensieri (è una logica non lineare, intuitiva, emotiva che si può immaginare appannaggio dell'emisfero destro del cervello).

- Mappe concettuali

Le mappe concettuali sono una versione più complessa delle mappe mentali. Pongono l'accento sull'identificazione delle relazioni tra argomenti. Inoltre, un nodo in una mappa concettuale può avere diversi genitori (mentre un nodo in una mappa mentale ne può avere solo uno). Per le mappe concettuali la conoscenza sta nelle relazioni tra concetti. Esse sono particolarmente indicate per lo sviluppo e la verifica dell'apprendimento.

Definizione: una mappa concettuale è un grafico in cui i nodi rappresentano concetti e sono collegati attraverso bordi etichettati e diretti che illustrano le relazioni tra di loro.

Storia: La mappatura dei concetti è stata sviluppata negli anni '70 dal professore americano Joseph Novak per aiutare gli insegnanti a spiegare argomenti complessi al fine di facilitare l'apprendimento, il mantenimento e il collegamento di questi nuovi argomenti con le conoscenze esistenti.

Esempio di una mappa concettuale: le mappe concettuali vengono lette dall'alto verso il basso; a differenza delle mappe mentali, un nodo può avere più genitori e i bordi sono etichettati per indicare le relazioni tra i nodi.

Caratteristiche:

- Ogni nodo può avere più di un genitore (ovvero un nodo che punta ad esso). Pertanto, i nodi in una mappa concettuale sono spesso più interconnessi rispetto ai nodi nelle mappe mentali, il che rende le mappe concettuali adatte per descrivere relazioni complesse.

- I bordi del grafico sono diretti ed etichettati con i nomi delle relazioni tra i nodi che collegano. Ogni bordo illustra una relazione specifica (e di solito è etichettato con un verbo o preposizione che la cattura).

- Collega i concetti all'azione. La mappatura dei concetti enfatizza le relazioni collegando un'idea a un'altra con i verbi. Questa caratteristica è utile quando si analizza un problema (le mappe spesso presentano cause ed effetti non ancora scoperti).

- Le mappe possono essere create individualmente o in un gruppo (se lo scopo è quello di creare una comprensione condivisa di un processo interno, per esempio.)
- Logica "connessionista": ciò che lega i concetti è una relazione orientata, definita, esplicita (è una logica lineare, razionale che si può immaginare appannaggio dell'emisfero sinistro del cervello).

Metodi a confronto

Quando si tratta di rappresentare lo spazio fisico, ci sono molti tipi di mappe possibili: mappe topografiche, mappe geologiche, mappe pedonali, mappe stradali e così via. Sono tutte rappresentazioni piane della superficie della terra, ma evidenziano diverse proprietà di questa superficie. I cartografi applicano linee guida diverse per la progettazione di una mappa escursionistica di un parco, una mappa autostradale di uno stato o una mappa politica di un continente.

Come le diverse mappe esistenti, tutti i tipi di mappe cognitive sono in qualche modo simili.

Le tre mappe sopracitate non sono dei diagrammi

di flusso, quindi un elenco di passaggi non dovrebbe essere adatto ad una mappa. Tuttavia, ci sono diversi benefici dalla visualizzazione di un concetto, idea o processo, sia attraverso una mappa cognitiva, mentale o concettuale, sia individualmente che in gruppo:

- Fornisce un pensiero visivo tangibile
- Comunica relazioni o modelli tra concetti
- Approfondisce la nostra conoscenza e comprensione di un argomento o concetto specifico
- Ci aiuta a integrare nuove idee con i sistemi esistenti
- Sintetizza un ecosistema complesso in un'unica visualizzazione che può essere condivisa

Prendere concetti sfocati e astratti e renderli tangibili migliora la comunicazione all'interno di un team e crea un terreno comune. È anche facile per una persona individuare immediatamente qualcosa sulla mappa e dire "questo non è corretto". Forse qualcosa non è stato rappresentato correttamente, o forse il problema sta a monte. In entrambi i casi, l'esercizio di mappatura ha individuato qualcosa che richiedeva ulteriori discussioni, che è molto più efficiente a lungo termine rispetto al procedere su un progetto con una comprensione disallineata.

Mappe cognitive, mappe mentali e mappe concettuali in definitiva migliorano la nostra comprensione cognitiva. L'uso di una tecnica rispetto a un'altra non crea o interrompe un progetto. Idealmente, una combinazione di tutti e tre può essere utilizzata in base alle esigenze in diversi punti del processo.

4. Manipolare il potere della Creatività

4.1 Come essere più creativi

"La creatività è contagiosa" – Albert Einstein

Potresti pensare alla creatività come a un dono della natura verso tutti gli artisti del mondo oppure un tratto personale che solo alcune persone, come imprenditori di successo o brillanti attori improvvisatori, possiedono naturalmente. Invece, tutti possono essere più creativi semplicemente facendo alcuni passi aggiuntivi, ma non necessariamente in ordine lineare. Il percorso verso la creatività è più un avanti e indietro, un processo in cui i passi verso una maggiore immaginazione e originalità si alimentano a vicenda.

La creatività è la capacità di trascendere l'ordinario. È la capacità di "pensare fuori dagli schemi" per trovare soluzioni originali ai problemi. Si tratta in effetti di un elemento necessario in tutti gli ambiti della nostra vita. Senza la creatività non avremmo le teorie matematiche di Einstein, oppure andare sulla luna sarebbe rimasta pura fantascienza.

Per aiutarti ad acquisire creatività, probabilmente dovrai applicare un cambiamento radicale alla tua mentalità. Avere buone idee non è qualcosa che ignoriamo fino a quando non c'è un bisogno urgente di farlo. Piuttosto, è un'abilità che può essere praticata quotidianamente per risolvere i problemi della vita e scoprire tutti i suoi utilizzi pratici.

Ecco i passi principali da percorrere per coltivare la propria creatività, insieme a qualche suggerimento che può aiutarti lungo la strada.

Poni la domanda giusta

Pensa alle storie degli inizi di Starbucks e Instagram. Nessuna delle due società sarebbe quella che è oggi se i suoi fondatori avessero continuato a cercare di risolvere le domande originali alle quali cercavano di rispondere. Invece di continuare a chiedersi "Come posso ricreare un bar italiano negli Stati Uniti?", alla fine Howard Shultz ha esaminato ciò che non funzionava con quell'idea, chiedendosi invece "Come posso creare un ambiente confortevole e rilassante per gustare un ottimo caffè?". E mentre Kevin Systrom inizialmente rifletteva su come creare una fantastica app per la condivisione della propria posizione, finì per porsi una domanda migliore: "Come possiamo creare una semplice app per la condivisione di foto?".

Rapidamente, senza pensarci troppo, scrivi 10 varianti della stessa domanda. Ad esempio, per la domanda "Come posso costruire una trappola per topi migliore?", potresti scrivere varianti come "Come faccio a far uscire i topi da casa mia?" o "Cosa vuole un topo?" o "Come posso rendere il mio cortile, e non la casa, più attraente per un topo?". Una delle tue nuove domande sarà probabilmente migliore di quella originale.

Fai una sorta di indagine nella tua vita e critica brutalmente un prodotto o una situazione imperfetta con la quale entri in contatto ogni giorno. Una volta che hai un elenco di critiche, pensa ai modi per eliminare questi fastidi. Questo può amplificare la creatività perché i piccoli problemi sono spesso sintomi di quelli più grandi. Steve Jobs, un geniale innovatore, eccelleva nel trovare piccoli problemi che potessero distrarre l'utente dall'esperienza di un prodotto.

A volte prima di arrivare alla domanda giusta, devi creare qualcosa! Una volta fatto, immagina che la tua creazione venga utilizzata per scopi diversi dall'intenzione originale. Questo processo elimina i tuoi primi presupposti, costringendoti a considerare nuove prospettive.

Diventa un esperto

Il segreto di un successo eccezionale non risiede nelle capacità naturali, ma nella pratica deliberata. In effetti, la ricerca suggerisce che essere tra i migliori in qualcosa richiede 10.000 ore di pratica. Tuttavia, non si tratta solo di ripetere sempre la stessa cosa. Dovresti sforzarti di padroneggiare compiti leggermente al di là delle tue capacità.

Devi diventare un esperto in un'area prima di poter essere davvero creativo in essa. Ai creatori di successo non solo piace la conoscenza, ma ne hanno proprio sete. Non possono smettere di fare domande e vanno sempre oltre ciò che hanno imparato da insegnanti e libri. Ci sono molti metodi per farlo.

Ascolta alcuni "TED talk": sono video gratuiti di discorsi stimolanti, divertenti o affascinanti fatti da persone brillanti. Usa tutti i tuoi sensi per approfondire un argomento. Supponiamo che tu voglia conoscere la città di Mystras, in Grecia. Potresti imparare un po' della lingua greca, cercare foto della Grecia online, cucinare un po' del cibo tradizionale del posto, guardare video delle feste tradizionali, trasmettere in streaming la radio locale e inviare un'e-mail a qualcuno del posto per ottenere informazioni su ciò che c'è da vedere in città.

Sii aperto e consapevole

I creativi sono sempre alla ricerca di possibili soluzioni. Puoi farlo diventando più consapevole e praticando la cognizione, il che implica notare intenzionalmente le cose e non associare le persone che incontri alle tue aspettative o alle categorie che hai stabilito nella tua mente. Invece, cerca di essere aperto e curioso e resisti a stereotipare le persone.

I ricercatori hanno scoperto che le persone che si definiscono fortunate tendono a notare più cose ed eventi attorno a loro. Agiscono anche su opportunità impreviste e interagiscono bene con gli altri perché sono curiosi. Le persone sfortunate tendono ad essere tese e così concentrate su obiettivi ristretti che si perdono l'opportunità di crescere.

Non lasciare che gli incidenti ti infastidiscano. Molte invenzioni - come la penicillina e la gomma da masticare - sono nate perché qualcuno non ha superato un ostacolo, ma invece lo ha studiato.

Gioca e fingi

Quando giochi, la tua mente può vagare e il tuo subconscio ha il tempo di lavorare. Ecco perché è necessario un periodo di riposo dal lavoro per far fiorire la creatività.

Esplora il futuro: immagina di avere un enorme successo tra cinque anni. Scrivi quanti più dettagli possibile su come si presenta questo successo. Quindi scrivi la storia di come sei arrivato lì ponendoti domande come "Qual è stato il primo passo che ho fatto per raggiungere il mio obiettivo?" o "Qual è stato un primo ostacolo e come lo ho superato?".

Lascia qualcosa di incompleto. Se alla fine della giornata lasci un compito leggermente incompiuto, potrebbe essere più facile iniziare il giorno successivo. Questo perché i fili cognitivi sono lasciati sospesi nella tua mente e mentre ti godi attività non lavorative, il tuo subconscio potrebbe darti una visione improvvisa. Mentre la nostra mente conscia è impegnata a fare altro, è proprio in quel momento che il subconscio risolve i problemi e le questioni che ci assillano.

Genera molte idee

Un modo divertente per iniziare ad allenare la capacità di generare nuove idee è elencare usi insoliti per oggetti domestici comuni. Quali sono i modi in cui potresti usare una graffetta, un mattone o un coltello? Concediti cinque minuti per elaborare una lunga lista. Non preoccuparti se le tue idee sono stupide o meno.

Ciò comporta la combinazione di concetti che normalmente non vanno insieme. In un recente studio il neuro-scienziato britannico Paul Howard Jones ha chiesto alle persone di creare storie dando loro solo tre parole. Ad un gruppo di persone le parole erano correlate, come "spazzolino", "denti" e "splendore". Un altro gruppo di persone ha ricevuto parole non correlate come "mucca", "zip" e "stella". Le persone che hanno ricevuto le parole non correlate hanno inventato storie più creative.

Crea associazioni remote. Vai a pagina 56 in due libri diversi e trova la quinta frase su ciascuno; ora crea una storia che racconti la connessione tra i due. Oppure impara ad usare delle analogie. Trova somiglianza tra due cose che in superficie sembrano diverse. Invece di elencare "tagliente" o "metallo" per un coltello, ad esempio, identifica caratteristiche come "richiede una pressione leggera per tagliare".

In che modo queste caratteristiche possono essere applicate a qualunque cosa tu stia cercando di risolvere?

Interagisci con persone diverse da te. Tutti tendono a circondarsi di persone che sono come noi e questo ci fa sentire sicuri e a nostro agio. Prova anche a immaginarti come qualcun altro, come uno chef, uno studente straniero, un ispettore edile. Come vedrebbero queste persone il mondo?

Scegli le idee migliori

Se hai seguito i primi sei passaggi, dovresti avere molte idee. Ora il trucco è scegliere le migliori. Per capire ciò, devi fidarti del tuo intuito. Sawyer consiglia inoltre di adottare idee semplici, eleganti e robuste.

Fai competere le idee l'una contro l'altra. Selezionane due e definisci come sono diverse, anche nei modi più sottili. Oppure, se hai più di 50 idee, scrivine ognuna su un post-it o su dei magneti. Sposta idee che sembrano correlate vicine. In questo modo vedrai interessanti differenze tra le idee.

Guarda oltre gli aspetti positivi. Una volta che hai deciso che un'idea è buona, identifica i suoi pro e contro, assegna a ciascuno un numero compreso tra

1 e 10 in base a quanto sia importante. Il totale dei pro dovrebbe essere significativamente più alto del conteggio dei contro. Dovresti anche pensare allo scenario peggiore. Quali cose terribili potrebbero accadere che potrebbero impedire il successo della tua idea?

Non smettere mai di modificare. Tutto può sempre essere migliorato. Trova qualcuno che possa farti da "avvocato del diavolo" che possa spiegarti tutti i motivi per cui la tua idea non è vincente. Oppure, chiedi alle persone di cui ti fidi e che saranno oneste con te di guardare criticamente alla tua idea. E ricorda che anche le idee che falliscono possono essere riproposte. Il Post-It stesso è il risultato di un adesivo che non funzionava molto bene.

Crea qualcosa con le tue grandi idee

La società di design IDEO della Silicon Valley utilizza il "pensiero progettuale", che cerca di ottenere versioni semplici di un'idea nel mondo il più presto possibile, magari in un'ora o un giorno, utilizzando materiali semplici come argilla o cartone per dare forma a un nuovo concetto. È un modo di pensare attraverso il fare, un processo che spesso porta a più idee.

Disegna o dipingi. Anche se pensi di non poter disegnare, puoi almeno scarabocchiare e nessuno dovrà vedere il risultato finale. Problemi astratti - come la relazione con qualcuno o un carico di lavoro schiacciante - traggono maggiori benefici dal trasformarli in schizzi. Disegna con forme esagerate o usando semplici simboli: dai via libera alla tua creatività.

Fai un collage. Prendi una pila di riviste e cerca foto e annunci. Ritaglia qualsiasi cosa relativa al tuo problema e incollala su un grande pezzo di cartoncino. Tieni questo collage vicino alla tua scrivania dove puoi contemplarla tra una pausa e l'altra. Potresti avere una nuova prospettiva sul tuo problema.

Costruisci qualcosa. Che sia Lego, pongo o argilla da modellare, sono tutti buoni materiali che puoi usare per costruire la tua idea.

Se generare buone idee fa parte del tuo lavoro, sai che è stressante quando ti sembra di essere bloccato e che non ci sia nulla di fresco nel tuo cervello. Nessun problema: la creatività è davvero un prodotto inesauribile. È solo una questione di trovare un nuovo modo per riaccenderla.

Allena il muscolo della creatività ogni giorno

Tratta la creatività come un muscolo, il quale deve essere regolarmente allenato. Proprio come andare in palestra, prova a dedicare un'ora ogni giorno a scrivere, disegnare, comporre o qualsiasi altra attività artistica di tua preferenza. E mentre continuiamo l'analogia dell'allenamento, è importante fare delle pause durante queste sessioni. Se ti blocchi su un problema, a volte è utile allontanarsi dalla scrivania e fare una passeggiata intorno all'isolato o persino fare una doccia calda.

Riproduci musica in sottofondo: una giornata in ufficio può essere piena di riunioni e compiti ad alta priorità. La riproduzione di musica di sottofondo alla scrivania ti rilassa e ti impedisce di essere troppo serio tutto il tempo. Ti accorgerai di essere più aperto in modo creativo quando sei calmo e puoi pensare chiaramente.

Scopri a che ora del giorno funzioni meglio

Scopri il tuo momento più creativo della giornata e fissa un appuntamento giornaliero programmato. Se sei una persona mattiniera, sarà in quel momento che creerai la maggior parte dei tuoi concetti. C'è tutta una scienza su questo, e devi essere sempre più selettivo e disciplinato su dove e quando la tua attenzione è investita ogni giorno. Il ritmo della nostra giornata, da quando ci svegliamo a quando ci addormentiamo, è regolato da un orologio interno, che sincronizza con incredibile precisione tutte le funzioni biologiche, ma anche le funzioni di apprendimento e creatività. Insomma, ci sono dei momenti nell'arco della giornata in cui sarai più creativo, e questa informazione è scritta nel tuo DNA. Un libro interessante sull'argomento è The Power of When del dr. Micheal Breus (tradotto in italiano come "Il potere del quando").

Metti giù quel telefono

Tutti sono in grado di risolvere i propri problemi in modo creativo, sia che tu sia un marketer o un ingegnere, ma i nostri dispositivi elettronici possono inibire il pensiero creativo. La quantità di informazioni che riceviamo da telefoni e computer su base giornaliera è travolgente. A volte, semplicemente prendersi una pausa da questo sovraccarico sensoriale può ispirare nuove idee.

Nel mondo dei dati, questo può essere paragonato alla ricerca del segnale nel rumore o alla difficoltà di trovare dati significativi tra enormi volumi di dati a portata di mano. La creatività non sempre richiede maggiori informazioni o più stimoli, ma una mentalità migliore per esaminare il problema.

Cerca una vasta gamma di prospettive

La creatività deriva dall'ottenere una vasta gamma di prospettive da diverse aree poiché la maggior parte delle scintille dell'intuizione sono di natura interdisciplinare (ad esempio, combinando diversi argomenti, di solito ai margini opposti dello spettro, in un modo unico e nuovo). Pertanto, è fondamentale accumulare quante più conoscenze e prospettive dalla più ampia gamma di argomenti possibile. La creatività, dopo tutto, consiste nel combinare la conoscenza in modi nuovi e unici.

Lavora per un'azienda che ti dà libertà. Nello yoga, un guru si trova di fronte a te, modellando e correggendo le pose per la classe, ma questo può anche limitare la libertà di ciascuno studente. Mentre i luoghi di lavoro hanno i loro organigrammi e una certa catena di comando, è importante che l'individuo sia il proprio guru, avendo la libertà di allontanarsi dalle norme e pensare fuori dagli schemi. Spetta a tutti i membri di una squadra permettersi di essere il proprio guru e lasciare fluire le idee creative in modo naturale.

Riconosci quando gli "interruttori" impediscono la tua energia

L'energia è fondamentale non solo per la creatività, ma anche per la connettività. Quando siamo in una modalità creativa, gli "interruttori" possono insinuarsi e bloccare la nostra energia, deviando il nostro pensiero. È importante capire che quando qualcosa impedisce alla nostra energia di fluire, questo limita la nostra creatività. Gli interruttori più comuni sono dubbio, disordine, conflitto, paura, stress e assenza di risorse. Ognuno ha la propria definizione e ogni interruttore ha un impatto sulla nostra creatività. Quando riconosciamo la frequenza e l'intensità di ognuno di questi nella nostra vita quotidiana, saremo in grado di identificarli e aggirarli nel nostro cammino verso una soluzione più creativa.

Sfida l'ignoto

La creatività viene dall'ignoto. Quando puoi lasciare spazio all'ignoto e sfidi ciò che sai, è il momento nel quale accadono le cose più interessanti. È come un bambino che gioca - imparando i meccanismi di un gioco solo per distruggerli e ricostruirli di nuovo. Ripensa lo spazio, sfida l'ignoto. Lavora con qualcosa che non hai mai provato prima.

Rendi la creatività parte della tua routine quotidiana

La creatività è al centro di qualsiasi attività e dovrebbe quindi essere parte della tua routine quotidiana. In primo luogo, inizia ogni giorno con della meditazione per liberare la mente. Oppure recati a lavoro a piedi, per quanto possibile: l'aria fresca e il movimento ti permettono di sognare ad occhi aperti, guardarti intorno e pensando a nuove idee. Puoi ascoltare un'ampia varietà di podcast o audiolibri che accendano la tua scintilla creativa prima di arrivare al lavoro. Pianifica anche una pausa per il pranzo fuori dall'ufficio ogni giorno, il che ti permette di uscire dalla routine e riflettere su priorità strategiche e progetti in modo più aperto e creativo.

Diventa disordinato, quindi perfeziona il tutto con i dati

Bilanciare la creatività con il prendere decisioni basate sui dati può essere difficile: vuoi provare qualcosa di nuovo e tuttavia sai che dovresti basarti su ciò che i dati ti dicono, perché in questo modo è più probabile che tu abbia successo. Per giungere a delle idee davvero di successo, devi consentire alle idee creative di fluire senza interruzioni. Quindi costringiti a fare un passo indietro e ad allontanarti dal computer. Spesso aiuta trovare qualcuno con cui parlare e usare una lavagna per cercare di spiegare, disegnare, e cancellare. Nel mondo di oggi questo può sembrare un po' confuso, ma nove volte su dieci ne uscirà qualcosa di fattibile. E poi è tempo di tornare ai dati per cercare segnali che possano aiutare a perfezionare e dare vita alla tua idea.

Tutti conoscono quella sensazione di blocco dello scrittore che si presenta quando si fissa un foglio bianco o uno schermo. Utilizzando le intuizioni tratte dai dati, un po' come il suggerimento di uno scrittore, hai una struttura all'interno della quale operare, che paradossalmente permette alla creatività di fiorire. Ad esempio, quando stai organizzando il brainstorming di una nuova campagna, è facile perdersi di fronte a infinite possibilità. A seconda dei tuoi obiettivi, è facile utilizzare dati per formare uno scheletro creativo di base, che semplifica notevolmente il resto del lavoro.

4.2 Come usare la creatività per risolvere i problemi

Tratto dalle parole di Einstein:
"Non possiamo far finta che le cose cambieranno se

continuiamo a fare le stesse cose. Una crisi può essere una vera benedizione per qualsiasi persona, per qualsiasi nazione, perché tutte le crisi portano progresso. La creatività nasce dall'angoscia proprio come il giorno nasce dalla notte buia. È nella crisi che nascono l'inventiva, le scoperte e le grandi strategie. Chi supera una crisi supera sé stesso, restando insuperato.

Chi incolpa una crisi dei propri fallimenti disprezza il suo talento ed è più interessato ai problemi che alle soluzioni. L'incompetenza è la vera crisi. Il più grande svantaggio delle persone e delle nazioni è la pigrizia con la quale tentano di trovare le soluzioni dei loro problemi. Senza una crisi non c'è sfida. Senza sfide, la vita diventa una routine, una lenta agonia. Non c'è merito senza crisi.

È nella crisi che possiamo realmente mostrare il meglio di noi. Senza una crisi, qualsiasi pressione diventa un tocco leggero. Parlare di una crisi significa propiziarla. Non parlarne è esaltare il conformismo. Lavoriamo duro, invece. Facciamola finita una volta per sempre con l'aspetto davvero tragico della crisi: il non voler lottare per superarla." – "Il mondo come io lo vedo", 1934.

La creatività è forse la più fraintesa tra tutte le discipline.

Secondo Donald N. MacKinnon, che è considerato uno dei più importanti ricercatori nel campo della creatività:

"Le persone creative hanno una notevole

flessibilità cognitiva, comunicano facilmente, sono intellettualmente curiose e tendono a far fluire liberamente i loro impulsi".

I pensatori creativi tendono ad essere concentrati di energia pura e macchine per la produttività. Pensa a Richard Branson ed Elon Musk. Un altro è Yoshiro Nakamatso, un inventore giapponese che afferma di avere avuto le sue idee migliori mentre era sott'acqua e gli mancava ossigeno. Ha inventato il floppy disk nel 1952, apparentemente a pochi secondi dalla morte per annegamento.

Ma questo ci porta a una domanda fondamentale. Perché non possiamo usare quelle "sfere di energia" e "idee brillanti" per risolvere i nostri problemi personali? Cosa potrebbe esserci di meglio che risolvere ogni tuo problema personale con la creatività?

Ad un certo punto della propria vita, ognuno di noi diventa un risolutore di problemi. Hai un problema quando la tua situazione attuale differisce dall'obiettivo desiderato. Vuoi essere ricco, ma il saldo del tuo account è in rosso. Vuoi uscire con quella persona meravigliosa, ma ti si attorciglia la lingua ogni volta che ci pensi. Stai aspettando una promozione ma il tuo capo non si decide. In ogni caso, ciò che vuoi e ciò che hai sono decisamente diversi.

E nella maggior parte dei casi, abbiamo i mezzi e la motivazione per risolvere il problema, ma non esiste una procedura chiara per risolverlo. Camminiamo e vacilliamo per un po' di tempo e finalmente ci arrendiamo. Fine della storia.

Ma non deve essere sempre così. Se si continuano ad applicare tecniche di creatività in ogni aspetto e in tutti i settori della vita, si può emergere come risolutore di problemi per il futuro. Il compito è Ercoleo, ma può essere fatto.

Questo ci porta all'affascinante studio fatto dal geniale matematico George Pólya (1887–1985). La sua monografia per la risoluzione dei problemi intitolata "Come risolverlo" riassume il processo di risoluzione dei problemi come di seguito.

- Innanzitutto, assicurati di aver compreso il problema. Puoi farlo sviluppando una mentalità adatta alla risoluzione dei problemi.
- Dopo averlo compreso, crea un piano per risolvere il problema.
- Procedi con il piano mettendo in atto le soluzioni.
- Guarda il lavoro completato e chiediti "come potrei migliorarlo?"

George Pòlya ha scoperto che la maggior parte delle persone commette un enorme errore che fa deragliare l'intero processo, rendendo molto meno probabile il successo.

Qual è l'errore? Saltano il primo passo.

Entrano subito nella modalità di "risoluzione dei problemi" senza entrare nella mentalità di "comprensione dei problemi". Ciò riduce ogni brillante soluzione a una finzione. La risoluzione dei problemi finisce infine per spingere il vero problema sotto il tappeto.

Invece, se le persone trascorressero più tempo a sviluppare una piena comprensione del problema, confrontando ciò che attualmente conoscono sul problema con ciò che devono sapere per ottenere un quadro completo della situazione, è più probabile che raggiungerebbero soluzioni di successo.

Ecco alcuni semplici modi in cui può essere sviluppata la comprensione del problema.

Entra nella mentalità "Cosa"

In linea di massima, ci possono essere 2 mentalità per risolvere i problemi. Una è creativa, l'altra è distruttiva. La mentalità "Cosa" inizia con le seguenti domande:

- Qual è la causa principale del problema?
- Quali opzioni ho a disposizione per correggere il problema?
- Cosa posso fare per evitare che si verifichi nuovamente il problema?

D'altra parte, la mentalità "Chi" inizia con le seguenti domande:

- Chi è il deficiente che ha causato il problema?
- Chi può aiutarmi a raccogliere prove per dimostrare che non è colpa mia?
- Chi può aiutarmi a liberarmi di quell'incapace?

Vedi la differenza tra i due approcci?

A volte cadiamo nella secolare trappola del gioco della colpa. In questi casi, vuoi fare della ricerca del colpevole la tua massima priorità. Non sei tu? Anche se la risposta è no, la tua massima priorità dovrebbe essere risolvere *il problema*.

Puoi inavvertitamente alimentare il problema dicendo cose che lo complicano ulteriormente e rendono le persone difensive. Invece, concentrati sul problema stesso e chiediti "Cosa posso fare per migliorare la situazione da questo punto di vista?". Concentra il flusso di idee e le "sfere di energia" su possibili soluzioni al problema, invece di apporre la colpa a qualcuno.

Ricorda invece di puntare il dito, che è molto più utile trovare possibili soluzioni. È il risultato positivo finale che conta. Ci siamo passati tutti: nelle situazioni ad alta pressione, dove non c'è tempo, soccombiamo e applichiamo una soluzione rapida ed efficace a breve termine.

Quindi applichiamo un altro cerotto. Il problema cresce, una soluzione rapida alla volta. Ogni soluzione rapida, che ignora il pervasivo problema sottostante, si aggiunge a una massa di sabbie mobili che ti risucchia la vita, rendendo i problemi irrisolvibili.

La soluzione è evitare la tirannia di questo meccanismo, evitando rapide soluzioni a cui giungi sotto pressione senza una profonda comprensione del vero problema e delle possibili conseguenze.

È facile cadere preda di questa tentazione. Le soluzioni rapide sono molto seducenti. Se non si guarda troppo al futuro, sembra che funzionino. Ma in una prospettiva più a lungo termine, potresti anche trovarti a camminare attraverso un campo disseminato di mine esplosive.

Ricorda sempre che una soluzione creativa non ha angoli bui o misteriosi. Ogni parte della soluzione si trova alla luce del giorno. Anche se potresti non conoscere tutti i dettagli di come le cose andranno in futuro, avrai comunque un percorso ben definito in atto per andare avanti. Non esistono soluzioni rapide e semplici.

Non credere alle soluzioni temporanee. Investi la tua energia per trovare soluzioni definitive, anche se più impegnative da portare a termine.

Critica le idee, non le persone

Hai un problema. Chiedi aiuto a Giacomo, che propone una soluzione e non ne sei soddisfatto.
Puoi reagire in tre modi possibili:

- Respingere Giacomo e chiamarlo incompetente.
- Respingere l'idea proposta da Giacomo.
- Discutere un po' di più dell'idea di Giacomo.

La prima scelta non è affatto intelligente. Anche se Giacomo è un terribile incompetente, trattarlo in quel modo molto probabilmente dissuaderà Giacomo dall'offrirti altre delle sue idee in futuro. La seconda opzione è la via di mezzo ma non aiuterà né te né Giacomo ad andare avanti. Non è un granché. Quindi che si fa?

Rimane solo la terza opzione. Nessuna accusa. Nessun giudizio. Solo una semplice conversazione. Permette a Giacomo di capire meglio il problema. È l'inizio di una conversazione, non una discussione. Una piccola dose di cortesia ti aiuterà molto a rimanere concentrato sui meriti puri dell'idea ed evitare distrazioni personali.

Ricorda che siamo tutti in grado di generare idee innovative eccellenti e siamo tutti ugualmente in grado di proporre soluzioni stupide. Anche se l'idea non è un granché, potrebbe aiutare a modellare la soluzione, mostrando il percorso migliore da seguire. Non devi essere eccezionale per iniziare, ma devi iniziare per essere eccezionale.

"Non c'è nulla di permanente tranne il cambiamento", disse Eraclito. Questo è stato vero nel corso della storia e ancora di più nei tempi che viviamo ora. Sei in un emozionante mondo sempre in movimento. Puoi essere un professionista in qualsiasi campo, ma se stai pensando di aver finito con l'apprendimento, ti sbagli di grosso.

In effetti, la maggior parte dei nostri problemi potrebbe essere dovuta al fatto che non siamo adeguatamente attrezzati per affrontarli. Non siamo al passo con i tempi e siamo tristemente obsoleti. E ciò limita le nostre capacità di problem solving.

Come puoi tenerti al passo coi tempi?

- Impara in modo iterativo e incrementale.
- Organizzati in modo tale da avere un po' di tempo ogni giorno per riposarti e recuperare energia. Non deve essere tanto tempo ma deve essere regolare.
- Il web è vasto. Usalo! Leggi blog e risorse online per farti un'idea dei problemi in cui le persone si imbattono e delle soluzioni che potrebbero aiutarti a risolvere i tuoi problemi.
- Partecipa a seminari e conferenze. Le conferenze riuniscono esperti. Questi incontri sono una grande opportunità per imparare direttamente da loro.
- Leggi voracemente: l'importanza della lettura non può essere sopravvalutata. Come ha detto Stephen King, "Se non hai tempo di leggere, non hai il tempo (o gli strumenti) per nient'altro. È molto semplice."
- Ricorda che non devi e non puoi essere un esperto in tutto. Ma stai attento ai cambiamenti del mondo in cui vivi e pianifica la tua carriera e il tuo futuro di conseguenza.
- E infine, mantieni un registro delle soluzioni.

Questo potrebbe sembrare banale, ma un registro

delle soluzioni è uno strumento di risoluzione dei problemi molto importante che viene spesso trascurato. I problemi si verificano e si ripresentano nella vita, nel lavoro e persino nelle relazioni su base perenne. E non ha senso reinventare la ruota ogni volta che lo stesso problema si ripresenta. Quando appare un problema, invece di dire "Ehi, questo mi è già successo. Ma non ho idea di come l'ho risolto.", puoi cercare rapidamente la soluzione che hai usato in passato. Inutile dire che questo non solo ti farà risparmiare tempo, ma aumenta la propria autostima e la fiducia in sé stessi a livelli impensabili.

Ricorda, la creatività nella risoluzione dei problemi viene da te stesso; dallo studiare e comprendere il problema; e infine dal trovare una soluzione, in quest'ordine.

Come ha giustamente affermato Albert Einstein:

"Non possiamo risolvere i nostri problemi con lo stesso tipo di pensiero che li ha creati".

5. Indovinelli di Einstein

Solo il 2% delle persone riesce a risolvere gli enigmi di Einstein: il 98% non è in grado di trovare la soluzione al problema. Sì, sono proprio difficili.

Non c'è niente come un buon indovinello per stimolare la tua mente e darti una scusa per incanalare il tuo Sherlock Holmes interiore. Certo, l'emozione di risolvere i puzzle potrebbe non darti la scarica di adrenalina di un paracadutista, ma fare regolarmente esercizi di logica e cruciverba può mantenere il tuo cervello giovane, e possono essere anche molto divertenti.

Ora, puoi portare le tue capacità di problem solving al livello successivo, utilizzando gli indovinelli inventati da Albert Einstein. La storia narra che Einstein scrisse uno di questi enigmi complicati quando era giovane e stimò che solo il due percento delle persone che cercavano di risolverlo lo avrebbe fatto con successo.

Sebbene non ci siano prove concrete che confermino che Einstein abbia creato questo indovinello - e in qualche modo profetizzato il numero esatto di persone che avrebbero potuto risolverlo – rimane comunque un puzzle molto interessante.

Il puzzle zebra è un noto puzzle di logica. Esistono molte versioni del puzzle, inclusa una versione pubblicata sulla rivista Life International il 17 dicembre 1962. Il numero di Life del 25 marzo 1963 conteneva la soluzione e i nomi di diverse centinaia di solutori di successo provenienti da tutto il mondo.

Il puzzle è spesso chiamato Puzzle di Einstein, o Enigma di Einstein, ma a volte è anche attribuito a Lewis Carroll. Tuttavia, non ci sono prove conosciute e la versione Life International del puzzle menziona marchi di sigarette, come Kools, che non esistevano durante la vita di Carroll o la fanciullezza di Einstein.

Il puzzle Zebra è stato utilizzato come punto di riferimento nella valutazione degli algoritmi informatici per la risoluzione dei problemi.

Eccolo qui, il più famoso degli indovinelli di Einstein.

"C'è una fila di cinque case di colore diverso. Ogni casa è occupata da un uomo di diversa nazionalità. Ogni uomo ha un animale domestico diverso, preferisce una bevanda diversa e fuma una diversa marca di sigarette.

- Il britannico vive nella casa rossa.
- Lo svedese ha un cane.
- Il Danese beve tè.
- La casa verde è accanto alla casa bianca, a sinistra.
- Il proprietario della casa verde beve il caffè.
- La persona che fuma Pall Mall ha un uccello.
- Il proprietario della casa gialla fuma Dunhill.
- L'uomo che vive nella casa al centro beve latte.
- Il norvegese vive nella prima casa.
- L'uomo che fuma Blends vive accanto a quello che ha un gatto.
- L'uomo che ha un cavallo vive accanto all'uomo che fuma Dunhill.
- L'uomo che fuma Blue Master beve birra.
- Il tedesco fuma Prince.
- Il norvegese vive vicino alla casa blu.

- L'uomo che fuma Blends ha un vicino che beve acqua.

Chi ha il pesce?"

Fai parte del 2% della popolazione?
Troverai la soluzione dell'indovinello all'interno dell'ultimo capitolo di *Impara come Einstein*, "Conclusioni".

Libri
Un altro esempio di puzzle a griglia è stato pubblicato nel mese di novembre 1986.
"Otto coppie sposate si incontrano per prestarsi l'un l'altro dei libri. Le coppie hanno lo stesso cognome, occupazione e auto. Ogni coppia ha un colore preferito. Inoltre, conosciamo i seguenti fatti:

- Daniella Black e suo marito lavorano come commessi.
- Il libro "The Seadog" è stato portato da una coppia che guida una Fiat e ama il colore rosso.
- A Owen e sua moglie Victoria piace il colore marrone.
- A Stan Horricks e sua moglie Hannah piace il colore bianco.
- Jenny Smith e suo marito lavorano come magazzinieri e guidano un Wartburg.

- Monica e suo marito Alexander hanno preso in prestito il libro "Nonno Joseph".
- A Mathew e sua moglie piace il colore rosa e ha portato il libro "Mulatka Gabriela".
- Irene e suo marito Oto lavorano come contabili.
- Il libro "We Were Five" è stato preso in prestito da una coppia alla guida di una Trabant.
- I Cermak sono entrambi controllori e hanno portato il libro "Shed Stoat".
- I coniugi Kuril sono entrambi dottori e hanno preso in prestito il libro "Slovacko Judge".
- A Paul e sua moglie piace il colore verde.
- A Veronica Dvorak e suo marito piace il colore blu.
- Rick e sua moglie hanno portato il libro "Slovacko Judge" e guidano una Ziguli.
- Una coppia ha portato il libro "Dame Commissar" e ha preso in prestito il libro "Mulatka Gabriela".
- La coppia che guida una Dacia, adora il colore viola.
- La coppia di insegnanti ha preso in prestito il libro "Dame Commissar".
- La coppia di agricoltori guida una Moskvic.
- Pamela e suo marito guidano una Renault e hanno portato il libro "Nonno Joseph".

- Pamela e suo marito hanno preso in prestito il libro che i coniugi Zajac hanno portato.

- A Robert e sua moglie piace il colore giallo e hanno preso in prestito il libro "La commedia moderna".

- I signori Swain lavorano come shoppers.

- "The Modern Comedy" è stato portato da una coppia alla guida di una Skoda.

Riesci a scoprire tutto su tutti?"

La soluzione si trova alla fine del capitolo "Conclusioni".

Navi

Il seguente puzzle a griglia è più semplice dei precedenti.

"Ci sono 5 navi in un porto.

- La nave greca parte alle sei e trasporta caffè.

- La nave nel mezzo ha un comignolo nero.

- La nave inglese parte alle nove.

- La nave francese con un comignolo blu è alla sinistra di una nave che trasporta il caffè.

- A destra della nave che trasporta il cacao c'è una nave che va a Marsiglia.

- La nave brasiliana si sta dirigendo verso Manila.

- Accanto alla nave che trasportava il riso c'è una nave con un comignolo verde.

- La nave che va a Genova parte alle cinque.
- La nave Spagnola parte alle sette ed è a destra della nave che va a Marsiglia.
- La nave con un comignolo rosso va ad Amburgo.
- Accanto alla nave che parte alle sette c'è una nave con un comignolo bianco.
- La nave al confine trasporta mais.
- La nave con un comignolo nero parte alle otto.
- La nave che trasporta il mais è ancorata accanto alla nave che trasporta il riso.
- La nave per Amburgo parte alle sei.

Quale nave va a Port Said? Quale nave trasporta il tè?"

Orti

"Cinque amici hanno i loro orti uno accanto all'altro, dove coltivano tre tipi di colture: frutta (mela, pera, noce, ciliegia), verdure (carota, prezzemolo, zucca, cipolla) e fiori (aster, rosa, tulipano, giglio).

- Crescono 12 diverse varietà
- Ognuno coltiva esattamente 4 diverse varietà
- Ogni varietà è almeno in un giardino.
- Solo una varietà è in 4 giardini.

- Solo in un giardino ci sono tutti e 3 i tipi di colture.
- Solo in un giardino sono tutte e 4 le varietà di un tipo di colture.
- Le pere sono solo nei due giardini di confine.
- Il giardino di Paul è nel mezzo ed è senza gigli.
- Il coltivatore di aster non coltiva verdure.
- Il coltivatore di rose non coltiva il prezzemolo.
- Il coltivatore di noci ha anche zucca e prezzemolo.
- Nel primo giardino ci sono mele e ciliegie.
- Solo in due giardini ci sono le ciliegie.
- Sam ha cipolle e ciliegie.
- Luca coltiva esattamente due tipi di frutti.
- I tulipani sono solo in due giardini.
- Le mele sono in un unico giardino.
- Solo in un giardino vicino a quello di Zick c'è il prezzemolo.
- Il giardino di Sam non è al confine.
- Hank non coltiva né ortaggi né astri.
- Paolo ha esattamente tre tipi di verdura.

Chi ha quale giardino e cosa cresce dove?"

Ricorda di verificare le tue intuizioni al termine del capitolo "Conclusioni"!

6. Definire obiettivi SMART

Ti senti mai come se stessi lavorando sodo ma non riuscissi a combinare niente di buono? Forse vedi piccoli miglioramenti nelle tue abilità o risultati quando rifletti sugli ultimi cinque o dieci anni. O forse fai fatica ad immaginare come realizzerai le tue ambizioni nei prossimi anni.

Molte persone trascorrono la propria vita alla deriva da un lavoro a un altro, o si affrettano a cercare di fare di più realizzando davvero pochissimo. Impostare obiettivi SMART significa chiarire le tue idee, focalizzare i tuoi sforzi, usare il tuo tempo e le tue risorse in modo produttivo e aumentare le tue possibilità di raggiungere ciò che desideri nella vita. È uno strumento essenziale se desideri imparare di più e soprattutto in modo più efficace, proprio come farebbe un genio del calibro di Einstein.

Cosa significa SMART?

SMART è un acronimo che è possibile utilizzare per guidare la definizione dei propri obiettivi.

I suoi criteri sono comunemente attribuiti al concetto di Peter Drucker, il cosiddetto "Management by Objectives". Il primo uso noto del termine si verificò nel numero di novembre 1981 di Management Review di George T. Doran. Da allora, il professor Robert S. Rubin (Saint Louis University) ha scritto sul metodo SMART in un articolo per The Society for Industrial and Organizational Psychology, nel quale ha affermato che SMART ha significato cose diverse per persone diverse, come mostrato di seguito.

Per essere sicuro che i tuoi obiettivi siano chiari e raggiungibili, ognuno di loro dovrebbe essere:
Specific - Specifico (semplice, sensibile, significativo).
Measurable - Misurabile (significativo, motivante).
Achievable - Realizzabile (concordato, raggiungibile).
Relevant - Rilevante (ragionevole, realistico e dotato di risorse, basato sui risultati).
Time Limited - Limitato nel tempo (basato sul tempo limitato, tempestivo).

Inoltre, potrebbe essere necessario aggiornare la definizione dell'acronimo SMART per riflettere l'importanza di efficacia e feedback. Infatti, alcuni autori l'hanno ampliato per includere aree di

interesse extra; SMARTER, ad esempio, include
Evaluated - Valutato e Reviewed - Rivisto.

Come usare SMART

Paul J. Meyer, uomo d'affari, autore e fondatore di
Success Motivation International, descrive le
caratteristiche degli obiettivi SMART nel suo libro
del 2003, "L'atteggiamento è tutto: se vuoi avere
successo al di sopra della media". Le sue definizioni
sono molto utili per esplorare come creare,
sviluppare e raggiungere i tuoi obiettivi.

1. Specifico
Il tuo obiettivo dovrebbe essere chiaro e specifico,
altrimenti non sarai in grado di concentrare i tuoi
sforzi o sentirti abbastanza motivato per
raggiungerlo. Nel redigere il tuo obiettivo, prova a
rispondere alle cinque domande di base:
- Cosa voglio realizzare?
- Perché questo obiettivo è importante?
- Chi è coinvolto?
- Dove si trova?
- Quali risorse o limiti sono coinvolti?

Esempio:
Immagina di essere attualmente un dirigente di
marketing e che tu voglia diventare capo del settore

marketing. Un obiettivo specifico potrebbe essere "Voglio acquisire le competenze e l'esperienza necessarie per diventare responsabile del settore marketing all'interno della mia azienda, in modo da poter avanzare nella mia carriera e guidare un team di successo".

2. Misurabile

È importante avere obiettivi misurabili, in modo da poter monitorare i tuoi progressi e rimanere motivato. Valutare i tuoi progressi ti aiuta a rimanere concentrato, a rispettare le scadenze e a provare l'eccitazione di avvicinarti al raggiungimento del tuo obiettivo.

Un obiettivo misurabile dovrebbe rispondere a domande come:

- Quanto?
- Quanti?
- Come farò a sapere quando l'avrò raggiunto?

Esempio:

Potresti misurare il tuo obiettivo di acquisizione delle competenze necessarie per diventare responsabile del settore marketing una volta che avrai completato i corsi di formazione necessari e acquisito l'esperienza pertinente, il tutto entro cinque anni.

3. Raggiungibile

Il tuo obiettivo deve anche essere realistico e raggiungibile perché tutto possa avere successo. In altre parole, dovrebbe ampliare le tue capacità ma rimanere comunque realizzabile. Quando stabilisci un obiettivo raggiungibile, potresti essere in grado di identificare opportunità o risorse precedentemente trascurate che possono aiutarti.

Un obiettivo raggiungibile di solito risponderà a domande come:

- Come posso raggiungere questo obiettivo?
- Quanto è realistico l'obiettivo, basato su altri vincoli, come i fattori finanziari?

Esempio:

Potrebbe essere necessario chiedersi se lo sviluppo delle competenze richieste per diventare responsabile del settore marketing sia realistico, in base alla propria esperienza e qualifiche esistenti. Ad esempio, hai il tempo di completare efficacemente la formazione richiesta? Sono disponibili le risorse necessarie? Puoi permetterti di farlo?

Fai attenzione alla definizione degli obiettivi su cui qualcun altro ha il potere. Ad esempio, "Ottenere la promozione" dipende dalla decisione di qualcun altro. Ma "ottenere l'esperienza e la formazione di cui ho bisogno per essere preso in considerazione per quella promozione" dipende interamente da te.

4. Rilevante

Questo passaggio consiste nel garantire che il tuo obiettivo sia importante per te e che si allinei anche con i tuoi altri obiettivi pertinenti. Tutti abbiamo bisogno di supporto e assistenza per raggiungere i nostri obiettivi, ma è importante mantenere il controllo su di essi. Quindi, assicurati che i tuoi piani ti aiutano a raggiungere il tuo obiettivo fondamentale.

Un obiettivo rilevante dovrebbe rispondere "sì" a queste domande:

- Ti sembra utile?
- È il momento giusto?
- Corrisponde ai tuoi sforzi / bisogni?
- Sei la persona giusta per raggiungere questo obiettivo?
- È applicabile nell'attuale contesto socioeconomico?

Esempio:

Potresti voler acquisire le competenze per diventare capo del settore marketing all'interno della tua organizzazione, ma è il momento giusto per intraprendere la formazione richiesta o lavorare per ottenere ulteriori qualifiche? Sei sicuro di essere la persona giusta per il ruolo? Hai considerato gli obiettivi del tuo coniuge? Ad esempio, se vuoi creare una famiglia, completare la formazione nel tuo tempo libero renderebbe questo più difficile?

5. Limitato nel tempo

Ogni obiettivo ha bisogno di una data limite, in modo da avere una scadenza su cui concentrarsi e qualcosa su cui lavorare. Questa parte dei criteri degli obiettivi SMART aiuta a impedire che le attività quotidiane abbiano la priorità rispetto agli obiettivi a lungo termine.

Un obiettivo a tempo determinato generalmente risponderà a queste domande:

- Quando?
- Cosa posso fare tra sei mesi?
- Cosa posso fare tra sei settimane?
- Cosa posso fare oggi?

Esempio:

Acquisire le competenze per diventare responsabile del settore marketing può richiedere ulteriore formazione o esperienza, come abbiamo detto in precedenza. Quanto tempo impiegherai per acquisire queste abilità? Hai bisogno di ulteriore formazione, in modo da poter beneficiare di determinati esami o qualifiche? È importante darsi un lasso di tempo realistico per raggiungere gli obiettivi più piccoli necessari al raggiungimento del tuo obiettivo finale.

Vantaggi e svantaggi

La tecnica SMART è uno strumento efficace che fornisce la chiarezza, la concentrazione e la motivazione necessarie per raggiungere i tuoi obiettivi. Può anche migliorare la tua capacità di raggiungerli incoraggiandoti a definire i tuoi obiettivi e fissare una data di completamento. Gli obiettivi SMART sono anche facili da usare da chiunque, ovunque, senza la necessità di strumenti specialistici o di alcun tipo di formazione.

Varie interpretazioni della tecnica SMART hanno fatto sì che questo metodo possa perdere la sua efficacia o essere frainteso. Alcune persone credono che la tecnica SMART non funzioni bene per obiettivi a lungo termine perché manca di flessibilità, mentre altri suggeriscono che potrebbe soffocare la creatività.

Ciò che è certo, è che quando si utilizza la tecnica SMART è possibile creare obiettivi chiari, raggiungibili e significativi e sviluppare la motivazione, il piano d'azione e il supporto necessari per raggiungerli.

Forse hai sempre sognato di viaggiare per il mondo, ma non è mai successo. Forse ti dici che non hai il tempo o i soldi e ci penserai l'anno prossimo.

Prova a impostare obiettivi SMART per aiutarti a rendere i tuoi piani di viaggio specifici, misurabili, realizzabili, pertinenti e limitati nel tempo. Potresti scoprire che il vero motivo per cui non hai viaggiato è perché i tuoi piani sono stati troppo vaghi o irrealistici. Pensa a come puoi regolare la tua visione e riformularla come un obiettivo SMART, in modo da poter realizzare il tuo sogno.

Stabilisci obiettivi che ti motivano

Quando stabilisci degli obiettivi per te stesso, è importante che ti motivino: questo significa assicurarsi che siano importanti per te e che ci sia valore nel raggiungerli. Se hai scarso interesse nel risultato, o sono irrilevanti, dato il quadro più ampio, allora le possibilità che tu ti dedichi al lavoro per farli accadere sono scarse. La motivazione è la chiave per raggiungere gli obiettivi.

Stabilisci obiettivi che riguardano le alte priorità della tua vita. Senza questo tipo di concentrazione, potresti impostare troppi obiettivi, lasciandoti troppo poco tempo da dedicare a ciascuno. Il raggiungimento degli obiettivi richiede impegno, quindi per massimizzare le probabilità di successo, devi sentire un senso di urgenza e avere un atteggiamento vincente. Senza questo, rischi di rimandare ciò che devi fare per trasformare l'obiettivo in realtà. Questo a sua volta ti fa sentire deluso e frustrato, e questo ti demotiverà fortemente. Quindi potresti finire in uno stato d'animo molto distruttivo.

Imposta gli obiettivi per iscritto

L'atto fisico di scrivere un obiettivo lo rende reale e tangibile. Non hai scuse per dimenticartene. Mentre scrivi, usa il tempo verbale al presente invece di "vorrei" o "potrei". Ad esempio, "Riduco le mie spese operative del 10% quest'anno", non "Vorrei ridurre le mie spese operative del 10% quest'anno". La prima dichiarazione comporta un certo potere e ti aiuta a "vedere" te stesso ridurre le spese, la seconda invece manca di passione e ti dà una scusa se ti distrai.

Inquadra il tuo obiettivo in modo positivo. Ad esempio, pensa al tuo obiettivo come "Per il prossimo trimestre mantengo tutti i dipendenti esistenti" anziché "Ridurrò il turnover dei dipendenti". Il primo obiettivo è motivante; il secondo comporta una clausola di esenzione "che consente" di avere successo anche se alcuni dipendenti se ne vanno.

Se usi un elenco di cose da fare, crea un modello di elenco con tutti i tuoi obiettivi in cima. Se usi un programma d'azione, i tuoi obiettivi dovrebbero essere la tua priorità. Metti i tuoi obiettivi in luoghi visibili per ricordare a te stesso ogni giorno cosa intendi fare. Mettili su pareti, scrivania, monitor del computer, specchio del bagno o frigorifero come promemoria costante.

Prepara un piano d'azione

Questo passaggio è spesso ignorato nel processo di definizione degli obiettivi. Ti concentri così tanto sul risultato che ti dimentichi di pianificare tutti i passaggi necessari per raggiungere il tuo obiettivo. Scrivendo i singoli passaggi e poi cancellandoli uno ad uno quando li completi, ti renderai conto che stai facendo progressi verso il tuo obiettivo finale. Ciò è particolarmente importante se il tuo obiettivo è grande e impegnativo o a lungo termine.

Sii persistente

Ricorda, la definizione degli obiettivi è un'attività in corso, non solo un mezzo per raggiungere un fine. Crea promemoria per tenerti sempre aggiornato e rendi disponibili intervalli di tempo regolari per rivedere i tuoi obiettivi. La destinazione finale potrebbe rimanere abbastanza simile a lungo termine, ma il piano d'azione che hai impostato lungo il percorso può cambiare in modo significativo. Assicurati che pertinenza, valore e necessità rimangano elevati.

Conclusioni

Einstein era un uomo straordinario, un genio e un creatore. Il mondo gli deve un debito di gratitudine per tutto ciò che ci ha lasciato, ed è veramente un modello da emulare. Se vuoi essere come Einstein, scoprirai che è più facile a dirsi che a farsi. Non solo Einstein aveva un incredibile intelletto, ma aveva una visione del mondo unica che gli permetteva di pensare fuori dagli schemi. Se vuoi diventare un genio come Einstein, ecco come iniziare a pensare come faceva lui:

Fantastica

Sapevi che Einstein ha trascorso ore da solo, seduto e pensando, sognando ad occhi aperti e contemplando il mondo che lo circonda? La maggior parte delle persone lo considera come una perdita di tempo, ma quando sogni ad occhi aperti la tua mente crea connessioni tra cose che normalmente consideri totalmente indipendenti. Sognare ad occhi aperti è come un brainstorming per la mente creativa, quindi lascia che la tua mente vada alla deriva e vedi quali incredibili intuizioni puoi ottenere.

Cerca persone che pensano in modo affine

Il modo migliore per incoraggiare il genio che c'è in te, è circondarti di altri geni. Una pressione positiva tra pari produce sempre buoni risultati, quindi circondati di persone che ti spingeranno ad essere più intelligente, lavorare di più ed essere più creativo. Mettiti in contatto con altri geni e lavora con un mentore che ti aiuti a sviluppare il tuo genio specifico nel modo più efficace.

Pensa

Einstein nutriva un costante sospetto verso la struttura educativa, in particolare il modo in cui gli insegnanti gli dicevano: "è così perché lo dico io". È ora di iniziare a pensare da solo, scoprendo i "perché" di tutto. Il pensiero indipendente è la chiave della scoperta, quindi sii curioso e fidati della tua curiosità affinché ti conduca nella giusta direzione.

Educazione variegata

Sapevi che Einstein suonava il violino divinamente? La musica gli ha fornito un altro modo di pensare e lo ha aiutato a diventare creativo nello studio della matematica. Esiste un legame subconscio tra quasi tutti i campi di studio del pianeta, quindi fòrmati a tutto tondo su una vasta gamma di argomenti. Rimarrai stupito da come l'apprendimento di qualcosa di totalmente nuovo e indipendente possa cambiare il tuo modo di pensare e aiutarti a diventare creativo in tutti i tuoi processi mentali.

Tempo perso

Quanto tempo pensi che Einstein avrebbe trascorso su Facebook o Instagram se fosse vissuto nei nostri tempi? Passava la maggior parte del tempo a lavorare, studiare, sognare ad occhi aperti o praticare il violino. Non dedicare il tuo tempo e le tue preziose risorse cerebrali alle perdite di tempo, e invece tagliale fuori dalla tua vita. Non devi riempire ogni ora della tua giornata di lavoro o di studio, ma invece fai cose che ampliano il tuo cervello – come puzzle, parole crociate, Sudoku, il cubo di Rubik e altro ancora.

Osserva il mondo intorno a te

Cammina per il mondo e osserva davvero tutto. Guarda come il vento soffia e fa volare un pezzo di carta, il modo nel quale gli alberi si estendono verso il sole, e l'odore del tuo cibo preferito. Inizia a dissezionare tutto nella tua mente. Più osservi il mondo che ti circonda, più significato nascosto troverai.

Studia

Vuoi diventare un genio come Einstein? Gran parte del suo tempo è stato impiegato ad affinare le sue abilità matematiche e studiare cose nuove. Se hai il potenziale per essere un genio, studia le cose che sono la tua area di competenza naturale. Ci vogliono ore di studio per diventare un esperto e solo una volta che sei un esperto puoi davvero iniziare a diventare creativo e pensare come un genio! Talenti crudi come quelli di Einstein non si trovano regolarmente, ma ciò non significa che tu non debba lavorare per affinare il tuo genio. Tutti possono imparare come Einstein!

Per imparare come lui, sforzati di essere creativo, concentrato e curioso. Questi sono i tre fondamenti sui quali si basa la filosofia di Einstein. E se hai voglia di testare il tuo intelletto, esercitati con uno degli indovinelli di Einstein, specialmente creati per testare il tuo pensiero logico e creativo.

Soluzioni degli indovinelli:

1. Indovinello ZEBRA:
Tedesco/ Verde/ Prince/ Caffè/ Pesce

2. Indovinello LIBRI:
Daniella e Mathew Black / Commessi / Trabant/ Rosa/ Mulatka Gabriela/ Eravamo cinque

Victoria e Owen Kuril/ Dottori/ Skoda/ Marrone/ La Commedia Moderna/ Slovacko Judge

Hannah e Stan Horricks/ Agricoltori/ Moskvic/ Bianco/ Dame Commissar/ Mulatka Gabriela

Jenny e Robert Smith/ Magazzinieri/ Wartburg/ Giallo/ Eravamo cinque/ La Commedia Moderna

Monica e Alexander Cermak/ Controllori/ Dacia/ Viola/ Shead Stoat/ Nonno Joseph

Irene e Oto Zajac/ Contabili/ Fiat/ Rosso/ The Seadog/ Shed Stoar

Pamela e Paul Swain/ Shoppers/ Renault/ Verde/ Nonno Joseph/ The Seadog

Veronica e Rick Dvorack/ Insegnanti/ Ziguli/ Blu/ Slovacko Judge/ Dame Commissar

3. Indovinello NAVI:
Nave Spagnola / parte alle 7:00/ trasporta mais / ha un comignolo verde/ va a Port Said

4. Indovinello ORTI:

241

Hank/ pera/ mela/ ciliegia/ rosa
Sam/ ciliegia/ cipolla/ rosa/ tulipano
Paul/ carote/ gourd/ cipolla/ rosa
Zick/ Aster/ rosa/ tulipano/ giglio
Luke/ pera/ noce/ gourd/ prezzemolo

Ragiona come Sherlock

Segreti e tecniche per migliorare la memoria, risolvere i problemi e sviluppare un istinto brillante

Capitolo 1

Chi è Sherlock Holmes?

Sherlock Holmes è un personaggio immaginario creato da Arthur Conan Doyle nel 1887. Si tratta di un detective inglese che vive a Londra, in 221B Baker Street.

Inizialmente, Arthur Conan Doyle aveva chiamato il suo personaggio "detective Sherrinford Holmes" (non Sherringford come erroneamente menzionato nella sua autobiografia "Memorie e avventure" quarant'anni dopo) e il suo aiutante "Ormond Sacker" (come indicato nel manoscritto "A Study in Scarlet"). Ma ha successivamente cambiato idea e li ha ribattezzati Sherlock Holmes e John H. Watson.

L'autore, (Sir) Arthur Conan Doyle, scrisse la sua prima storia su Holmes, "A Study In Scarlet" (Uno studio in rosso), nel 1886. Sherlock Holmes è un personaggio fittizio che si basa su una persona reale, il dottor Joseph Bell, un noto scienziato forense dell'Università di Edimburgo che Conan Doyle ha studiato con accuratezza. Conan Doyle ha scritto 56 racconti e 4 romanzi (60 opere in totale); la collezione è conosciuta con il nome di "The Cannon".

Il primo film su Sherlock Holmes è stato prodotto nel 1900. A partire dal 1939 è stata sviluppata una serie di 14 film su questo ormai famosissimo personaggio, interpretato da Basil Rathbone, attore che è rimasto, nell'immaginario comune, il volto più noto di Sherlock Holmes.

Numerosissimi racconti apocrifi sono stati scritti durante gli anni, in particolar modo da quando sono scaduti i diritti d'autore sul personaggio in Europa, nel 2000. Adrian, il figlio di Arthur Conan Doyle, è stato autore di una serie di racconti ufficialmente approvata dagli eredi del celebre scrittore (scritti in collaborazione con John Dickson Carr), pubblicati a partire dal 1954. Altro caso di romanzo apocrifo che ha conosciuto una certa notorietà è quello di "Uno studio in nero", scritto da Ellery Queen negli anni Sessanta: il libro vede il nostro Holmes sulle tracce niente meno che di Jack lo Squartatore.

Tornando all'opera originale di Conan Doyle, la popolarità di Sherlock Holmes crebbe enormemente a partire dalla prima serie di racconti pubblicata su The Strand Magazine, nel 1891, a cui fecero seguito (fino al 1927) quattro altre raccolte di racconti e due romanzi.

Le storie si svolgono tutte tra il 1878 e il 1907, con un ultimo caso nel 1914. Tutte le storie tranne quattro sono narrate dall'amico e biografo di Holmes, il dottor John H. Watson; due sono narrate da Sherlock Holmes in prima persona e le ultime due sono scritte in terza persona. Conan Doyle ha ammesso che il personaggio di Holmes è stato ispirato dal dottor Joseph Bell, per il quale Doyle aveva lavorato come impiegato presso il Royal Infirmary di Edimburgo. Come Sherlock Holmes, Bell era noto per trarre grandi conclusioni dalle più piccole osservazioni. Michael Harrison ha dichiarato, in un articolo del 1971 sul Mystery Magazine di Ellery Queen, che il personaggio è stato ispirato da Wendell Scherer come "investigatore a consulenza" in un caso di omicidio che avrebbe ricevuto molta attenzione da parte dei giornali in Inghilterra, nel 1882.

Forse uno dei più strani omaggi del ventunesimo secolo a Holmes appartiene alla pluripremiata serie americana "Dr. House", che è apparsa per la prima volta in TV nel 2004, il cui protagonista era l'attore britannico Hugh Laurie. La serie si concluse dopo la quinta stagione e il dottor Gregory House è per molti aspetti un medico alla Sherlock Holmes. Il creatore della serie, David Shore, ha ammesso che anche il nome del dottor House è inteso come un sottile omaggio. Lo spettacolo si basa fortemente sugli archetipi di Holmes, come la dipendenza di House dalla psicologia per risolvere un caso, la sua riluttanza ad accettare casi che non trova interessanti, la sua dipendenza da droga, il suo indirizzo di casa (appartamento 221B), un completo disprezzo per i costumi sociali, i suoi talenti musicali (suonare il piano e la chitarra, un po' come il violino di Holmes), così come la caratteristica capacità di House di giudicare una situazione correttamente senza quasi nessuno sforzo. Amico e cassa di risonanza del Dr. House è il Dottor James Wilson, il cui nome è un omaggio al mitico Watson.

Che cosa sappiamo di Sherlock Holmes?

"In altezza era più di un metro e ottanta, talmente magro da sembrare considerevolmente più alto. I suoi occhi erano acuti e penetranti, salvo durante quegli intervalli di torpore a cui ho accennato; il suo naso sottile, simile a quello di un falco, dava alla sua espressione un'aria di disinvoltura e decisione. Anche il suo mento aveva la prominenza e la quadratura che contraddistinguono un uomo determinato." – Uno studio in rosso (1887), Sir Arthur Conan Doyle.

Conosciuto in tutto il mondo come il detective per eccellenza, Sherlock Holmes è uno dei personaggi più famosi della letteratura moderna. L'iconografia popolare lo raffigura con un cappello e un mantello a quadri, anche se i fan e gli esperti del detective ricorderanno che era raffigurato più spesso mentre indossava un abito elegante ed un cappello a cilindro. È un noto violinista e ci sono diversi indizi che indicano che usasse l'oppio, rendendolo forse il tossicodipendente più rispettato e più amato della finzione britannica. Ma è la sua mente clinica ed analitica l'aspetto per cui è maggiormente famoso: la sua capacità di rilevare qualsiasi dettaglio attraverso gli indizi più sottili e l'esistenza di prove minime.

Sherlock Holmes nacque il 6 gennaio del 1854. Era figlio di uno scudiero di campagna e nipote della sorella dell'artista Vernet.

In apparenza, Holmes è alto - oltre 1.80 - e magro. Ha i capelli neri e gli occhi grigi, le labbra sottili ed un naso da falco. Holmes è scrupolosamente pulito ed è sempre vestito in modo ordinato. Sebbene non si sia mai esercitato per il gusto di farlo, è sempre in forma e pronto all'azione; è abile nel pugilato e nell'arte marziale Baritsu, ed è anche abile col bastone e nella scherma. Un'altra delle specialità di Holmes sono i suoi meravigliosi travestimenti: dallo sposo al prete, dal sacerdote al fumatore di oppio, gli sono stati tutti necessari per ottenere informazioni o per sfuggire ai criminali. È un amante della musica e frequenta concerti ed opere, ed è anche un violinista, con una preferenza verso la musica tedesca.

Un individuo acculturato, Holmes è anche chiaramente un avido lettore e studente, e rimane tale per tutta la sua vita. Ad esempio, in *"Uno studio in rosso"*, Holmes sembra ignorare il sistema solare, ma al momento di "L'avventura dell'interprete greco", aveva acquisito una conoscenza astronomica molto approfondita. Come molte persone altamente intelligenti, tuttavia, Holmes può essere un po' distratto e privo di empatia.

In uno dei racconti un esperimento con alcuni fluidi fa sì che l'appartamento si riempia di fumo, con la signora Hudson in preda al panico, un camion dei pompieri che rimbomba per la strada e Holmes e Watson appesi fuori dalla finestra. Watson chiede: "è andato male?" e Holmes risponde, ridendo, "no, era proprio quello che mi aspettavo". Nonostante la sua intelligenza, non aveva considerato di dover fare l'esperimento all'aperto!

Holmes resta sveglio fino a tardi e si alza altrettanto tardi. È un fumatore e quando si sente fortemente depresso, di solito quando non è coinvolto in un caso, è incline all'uso di cocaina. Come riportato in "The Reigate Squires" (L'enigma di Reigate), soffre di un esaurimento nervoso, e forse di un secondo esaurimento qualche tempo dopo.

A prima vista Holmes sembra essere una persona impassibile, ma non lo è. Si preoccupa profondamente dei suoi amici ed è spesso inquieto per il suo grande amico e biografo Watson.

La ricompensa per il suo brillante lavoro investigativo è generalmente un onorario basso, anche se a volte è stato conosciuto per rinunciare al compenso per i suoi servizi. A volte i premi erano molto alti: £ 1000 per un oggetto mancante, £ 12.000 in un altro caso. Holmes ha anche ricevuto una tabacchiera d'oro, un anello, ed è stato premiato dalla stessa regina Vittoria con un fermacravatta Emerald.

Holmes vive al 221B Baker Street con il dottor Watson e la sua governante, la signora Hudson. In "L'avventura di Black Peter" apprendiamo che possiede altri cinque appartamenti a Londra oltre al 221B, appartamenti che utilizza quando ha bisogno di nascondersi.

In "L'avventura della seconda macchia", Watson rivela che Holmes si è ritirato ed è diventato un apicoltore nelle South Downs del Sussex, anche se si ritira dalla pensione in "L'ultimo arco".

L'aspetto distintivo di Sherlock Holmes è stato creato dall'artista Sydney Paget, illustratore delle storie originali nella rivista "Strand". La sua versione di Holmes, in particolare il leggendario cappello, che non è mai stato citato per nome nelle storie, fu sufficientemente forte da sopravvivere per oltre 100 anni.

Nelle storie, Holmes è descritto mentre indossa vari abiti diversi:

- In "Uno studio in rosso", indossa un Ulster (un soprabito a doppiopetto).
- In "Il mistero della valle di Boscombe", indossa un lungo mantello da viaggio grigio e un berretto in stoffa, ed in seguito un set di impermeabili.
- In "L'avventura di Silver Blaze", indossa un berretto da viaggio.

- In "Il mastino dei Baskerville", indossa un abito di tweed ed un cappello di stoffa.

L'altro "marchio di fabbrica" di Sherlock Holmes è la sua pipa curva, o "calabash". Come il cappello, non è menzionata specificamente nelle storie. L'aggiunta di questo particolare tipo di pipa fu pensato dall'attore William Gillette, desideroso di una pipa che non ostacolasse la sua pronuncia mentre recitava.

Holmes assume apertamente sia cocaina che morfina in molte storie. Sin dalla prima opera in cui è presente, "Uno studio in rosso", ci sono indizi che suggeriscono il suo utilizzo di droghe:

"... per giorni e giorni si sdraiava sul divano del salotto, pronunciando a malapena una parola, senza muovere un muscolo dalla mattina alla sera. In queste occasioni ho notato un'espressione così sognante e vacua nei suoi occhi, che avrei potuto sospettare la dipendenza dall'uso di alcuni stupefacenti, se la regolarità e la moderazione di tutta la sua vita non avessero allontanato una simile idea dalla mente."

Più tardi divenne chiaro che stava davvero usando droghe:

"Sherlock Holmes prese la sua bottiglia dall'angolo del caminetto e la sua siringa ipodermica dalla sua ordinata custodia del Marocco. Con le sue lunghe dita bianche e nervose aggiustò l'ago e fece rotolare indietro il polsino della camicia sinistro. Per un po' di tempo i suoi occhi si posarono pensierosi sull'avambraccio e sul polso, costellati e sfregiati da

innumerevoli segni di puntura. Alla fine spinse la punta acuminata, premette e affondò di nuovo nella poltrona foderata di velluto con un lungo sospiro di soddisfazione."

Poco dopo nella storia Holmes afferma:
"È cocaina, una soluzione al sette per cento. Ti andrebbe di provarla?"
Questo commento è stato la base del film "The Seven Percent Solution" (La soluzione al sette per cento), in cui Holmes e Watson incontrano Sigmund Freud. Al tempo di "I tre quarti mancanti", Holmes ha rinunciato alla droga.

Sherlock Holmes è un'icona nella storia dei romanzi polizieschi. È una figura di culto la cui esperienza nel risolvere misteri ha dato alla luce un genere completamente nuovo di romanzi gialli, thriller e polizieschi. Non solo, le squadre investigative professionali di tutto il mondo sono in debito con lui per l'intelligenza e l'ispirazione che emana. Con una tecnologia molto migliorata, rispetto a quella a disposizione di Holmes nell'Inghilterra vittoriana del XIX secolo, il rilevamento dei crimini è diventato molto più semplice. Ma guardiamo ancora indietro, alle opere di Sherlock Holmes, cercando lampi di ispirazione ed il tipo di disciplina classica necessaria in quei giorni, in cui erano disponibili pochi aiuti in termini di tecnologia.

Holmes era eclettico. Attingeva dal buddismo Zen la capacità di concentrarsi su un singolo oggetto, senza il minimo vacillare della mente. Lavorava come un mago, gli enigmi del crimine erano avvolti dal suo sguardo ipnotico. Nei suoi romanzi è stato menzionato spesso l'interesse speciale di Holmes per lo studio del buddismo.

Il principio di base, che lega la spiritualità e la mente del detective, è la ricerca finale della verità che è nascosta sotto la superficie. È come decodificare una scrittura antica o un messaggio cifrato (disciplina che prende il nome di "ermeneutica").

Holmes iniziò a mostrare interesse per il buddismo durante gli anni tra "Il problema finale", in cui Doyle fingeva la morte del suo detective, e "L'avventura della casa vuota", dove resuscitò Holmes. Questo avvicinamento al misticismo orientale ha anche eclissato le sue abitudini all'uso di cocaina. Holmes stava cercando qualcosa di molto più rinfrescante della siringa ipodermica, alla ricerca di simboli di significato e profondità più ampi, e finisce con l'aggiungere un tocco di Zen alla sua vita. I suoi poteri di osservazione hanno superato una nuova frontiera, il controllo dei cinque sensi, e c'è un nuovo componente aggiuntivo: il sesto senso, l'occhio interiore. Intuizione informata e introspezione senza una sfumatura di psichedelia.

Sherlock Holmes è un precursore dei tempi: è l'immortale Maestro Zen.

Capitolo 2.

Come sviluppare i poteri di osservazione e deduzione

Se c'è un'abilità che tutti invidiamo a Sherlock Holmes è quella di decifrare rapidamente una situazione ed inventare una teoria che la spiega (come la macchia di dentifricio che rivela che il tuo collega non si è svegliato quando avrebbe dovuto, o la contrazione nervosa che ti fa capire che il tuo amico ha bevuto troppo). Fortunatamente, chiunque può affinare queste abilità, e non è un obiettivo così difficile da realizzare.

L'osservazione di persone e situazioni è uno strumento incredibilmente prezioso. Ti dà la possibilità di notare segnali sottili durante conversazioni, colloqui di lavoro, presentazioni e quant'altro, in modo da poter reagire alle situazioni in modo più efficace. Questi sono gli strumenti distintivi di Sherlock Holmes e dei detective che oggi vedi in programmi TV come Psych, Monk o The Mentalist. Per capire come allenare la tua mente per avere intuizioni degne di Sherlock Holmes, bisogna ricordare i due semplici valori fondamentali delle abilità di Holmes: osservazione e deduzione.

La maggior parte di noi non presta attenzione al mondo che lo circonda. Ciò che rende unico un detective è la capacità di notare piccoli dettagli. Si tratta di creare l'abitudine alla consapevolezza di ciò che ti circonda.

Non si tratta affatto di un'abilità sovrumana. È importante notare, quando si parla di Holmes, che il personaggio ha trascorso tutta la sua vita coltivando la propria consapevolezza. Questo significa che Holmes non è nato con la capacità di essere in contatto con il mondo. Ciò che scegliamo di notare o meno dipende dall'allenamento della nostra mente. Abbiamo molte cattive abitudini, e dobbiamo impegnarci molto per notare davvero ogni dettaglio che il mondo ci offre. Ogni nostra azione si ricollega al cervello, ma possiamo realizzarla in modo tale che la consapevolezza, alla fine, diventi uno sforzo minore, quasi automatico.

La peggiore abitudine di molti di noi è semplicemente quella di non prestare abbastanza attenzione. Cerchiamo sempre di fare tutto rapidamente, e per questo motivo perdiamo la meraviglia infantile del concentrarci sui dettagli più piccoli e chiederci: "perché?". Quindi aumentare i tuoi poteri di osservazione significa prima di tutto identificare la tua cattiva abitudine (la priorità a fare tutto velocemente, perdendo i piccoli dettagli) e coltivare nuove abitudini positive (rallentando i propri gesti e prestando maggiore attenzione). Il primo passo è fermarsi e prestare attenzione, ma ecco di seguito alcune azioni utili ad allenare il tuo cervello ogni giorno.

- Affronta piccole sfide giornaliere che ti costringano a rallentare.

Uno dei trucchi classici per formare una nuova abitudine è di lavorarci gradualmente. Poiché stiamo considerando l'osservazione come un'abitudine, iniziamo osservando qualcosa di nuovo ogni giorno.

Puoi fare tutto ciò che vuoi, a condizione che ti faccia rallentare e osservare il mondo da un'altra angolazione. Potresti provare a scattare una foto interessante al giorno. Ciò ti induce a fermarti e prestare effettivamente attenzione all'enorme quantità di piccoli particolari che di solito trascuri muovendoti per la città. Altre idee potrebbero includere provare nuovi cibi settimanalmente, scrivere qualcosa di diverso ogni giorno, notare il colore della camicia di un collaboratore, o anche solo osservare un nuovo quadro una volta al giorno.

L'idea è quella di abituarsi gradualmente a notare piccoli dettagli nel proprio ambiente e nella vita quotidiana. Mentre lo fai, diventerai più abile nel notare tutto ciò che è fuori posto.

Se ti stai davvero sforzando di prestare attenzione ma non sai come fare, gli scienziati insegnano un altro semplice trucco: iniziare a prendere appunti su vari dettagli durante il giorno.

Innanzitutto, i detective addestrano la propria attenzione, imparando a concentrarsi solo sulle caratteristiche pertinenti ed ignorando quelle meno essenziali. Uno dei modi migliori per riuscirci è attraverso la vecchia abitudine di prendere appunti sul campo: scrivere descrizioni e disegnare immagini di ciò che vedi.

Quando decidi di prendere appunti sul campo, inizi a prestare attenzione ai piccoli dettagli. Puoi farlo ovunque: se sei al lavoro, dedica 10 minuti all'osservazione del comportamento dei colleghi. Presta attenzione alla frequenza con cui bevono un sorso d'acqua, a quanto spesso i loro occhi si allontanano dallo schermo del computer o se controllano costantemente la posta elettronica. Più lo ripeti sulla carta, meglio riuscirai a renderlo automatico.

- Medita brevemente ogni giorno.

La meditazione è talvolta equiparata ad un'esperienza religiosa, oppure considerata una perdita di tempo, ma in realtà si tratta di una buona pratica per chiunque voglia aumentare la propria capacità di concentrazione. Inoltre, non è così rigorosa come si potrebbe pensare. Bastano pochi minuti al giorno per affinare la tua consapevolezza e sviluppare un senso di "presenza" nel momento attuale.

Che tu ci creda o meno, è possibile migliorare la concentrazione e rallentare la vita di tutti i giorni. Esiste un'intera area di allenamento della consapevolezza che ti insegna a prestare attenzione a te stesso e a ciò che ti passa per la testa. Non si tratta di fare un ritiro di meditazione, ma solo di prendersi un paio di minuti alla scrivania o sul divano per meditare. È importante tenere a mente che meditazione non significa scappare dal mondo e diventare un monaco, è solo un sistema per focalizzare la tua mente.

La meditazione si basa sull'insegnamento della concentrazione. Quando riuscirai a concentrarti su te stesso, probabilmente diventerai anche un migliore osservatore del mondo. Evita il sovraccarico di informazioni meditando regolarmente e potenzia le tue abilità di osservazione con il pensiero critico.

- Sviluppa il pensiero critico.

Una volta che inizierai a prestare maggior attenzione al mondo, potrai trasformare queste osservazioni in teorie o idee. La deduzione riguarda il pensare logicamente ad una situazione, e quindi applicare il pensiero critico a ciò che stai vedendo. In sostanza, il pensiero critico analizza ciò che si osserva da vicino e la deduzione ti porta a una conclusione basata su tali fatti.

Non troverai mai una guida completa per il pensiero critico, ma il primo passo è riconquistare la curiosità di quando eri bambino ed iniziare a porre quante più domande possibili.

È importante insegnare a te stesso a pensare in modo critico. Quindi, quando memorizzi nuove informazioni o impari qualcosa di nuovo, non dare tutto per scontato prima di immagazzinare le informazioni nel cervello: impara ad analizzare criticamente tutto. Chiediti: "Perché è importante?", "Come si collega a ciò che già conosco?" o "Perché voglio ricordare questa informazione?". Dovrai allenare il tuo cervello ad effettuare connessioni tra le cose e costruire una rete di conoscenze.

Ciò rappresenta un po' di lavoro extra, ma aumentare la propria comprensione non è così difficile, e quando si conquista questa capacità, si manterrà un forte ricordo di ciò che si legge o osserva. Quando fai molte domande, stai pensando in modo critico, e questo migliora le tue capacità di deduzione in generale. Scrivere appunti nei libri che leggi è un passo eccellente da realizzare in queste situazioni. Quando scrivi la tua opinione e le domande sorte dopo aver letto, queste idee si rafforzeranno ancora di più nella tua memoria.

I diversi metodi di ragionamento esistenti: come sfruttarli al meglio

Tutti invidiamo a Sherlock Holmes la capacità di "leggere" una situazione rapidamente e, soprattutto, in maniera quasi sempre corretta. Certo, nessuno nega che il buon Sherlock avesse un talento particolare, un vantaggio genetico che non tutti possono vantare. Ma a prescindere da questo aspetto, il segreto del suo successo, come abbiamo iniziato ad analizzare, dipende in gran parte dall'applicazione di metodologie precise.

Esistono diversi modi di ragionare di fronte a un problema. Anche se non ce ne rendiamo conto, ognuno di noi segue strade diverse con il pensiero. Due persone diverse, in una stessa situazione, prenderanno due "strade" diverse per la sua analisi. Da ciò dipende anche il differente risultato a cui arriveranno.

I filosofi si sono da sempre occupati di studiare come ragiona la mente umana. Oggi la questione è più che altro in mano agli studiosi di psicologia cognitiva, ma all'alba della civiltà erano i grandi pensatori quelli che dedicavano la maggior parte del loro tempo a cercare di capire "come" pensiamo e ragioniamo. E proprio grazie al loro lavoro oggi siamo consapevoli di come funziona la nostra mente quando si approccia a un problema da risolvere o spiegare.

– *Metodo induttivo.*

Alzi la mano chi non ne ha mai sentito parlare. Assieme al metodo deduttivo – che vedremo tra poco – è sicuramente uno dei metodi di ragionamento più noti della storia. Il metodo induttivo lo troviamo all'opera molto spesso nei film polizieschi e nei gialli, come quelli di cui è protagonista Sherlock Holmes. Il motivo è presto detto: è il metodo che ci consente, attraverso il ragionamento, di passare *dal particolare al generale*.

L'induzione parte dall'osservazione attenta di fenomeni, dettagli, fatti, informazioni particolari e, dopo adeguato ragionamento, giunge a formulare un'ipotesi logica che sia in grado di spiegare quanto osservato. Utilizzare l'induzione significa essere pronti ad osservare molto attentamente il "regno del particolare": selezionato un fenomeno che si intende spiegare, bisogna prendere nota di tutti i casi in cui esso avviene o non avviene, cambia, si trasforma.

L'induzione presuppone il porsi un gran numero di domande e, come già detto, l'essere degli acuti osservatori. Più che acuti sarebbe forse meglio dire metodici: nulla deve sfuggire. Solo in questa maniera le ipotesi a cui si giunge possono possedere un alto grado di *probabilità*.

Già, il limite del metodo induttivo è proprio questo: procedendo dall'effetto alla causa, raramente giunge a ipotesi scientificamente verificabili. Consente però di formulare un gran numero di ipotesi *probabili*, e questo è di fondamentale importanza nell'ambito, ad esempio, di un'indagine. Ecco perché il metodo induttivo lo vediamo spesso all'opera nei gialli e nei polizieschi.

Vuoi saperne di più?
Potrebbe interessarti approfondire la figura di Francesco Bacone, uno dei grandi teorizzatori del metodo induttivo – peraltro già postulato da Aristotele. Bacone apportò diverse innovazioni al metodo induttivo

aristotelico, arrivando a teorizzare l'importanza di una osservazione attenta, quasi scientifica dei fenomeni; fu lui il primo a capire che se si volevano postulare ipotesi a partire dall'osservazione dei fenomeni, bisognava osservarli in maniera molto accurata e registrare la casistica relativa ad essi (quando si verificano, quando non si verificano e via dicendo). Bacone individuò anche la necessità di verificare le ipotesi formulate tramite esperimenti: il suo era un modello di ragionamento para-scientifico. Poco prima dell'avvento di Galileo Galilei, il campione del metodo scientifico, Bacone ci aveva già, per così dire, girato intorno.

– *Metodo deduttivo.*

Il metodo deduttivo è sicuramente il più noto e famoso, nonché quello che tutti noi utilizziamo più spesso nella vita di tutti i giorni. È anche il più semplice, se vogliamo, in quanto procede dalle cause e ipotizza gli effetti. Si parte da una o più premesse teoriche, si osserva una serie di fenomeni, si deducono una serie di effetti che sono logicamente correlati alle premesse.

Il metodo deduttivo è molto utile perché, data una serie di ipotesi, permette abbastanza facilmente di ridurne il numero e concentrare la propria attenzione sulle ipotesi più probabili. È anche uno straordinario strumento di *previsione:* partendo da premesse verificate, posso prevedere delle conseguenze logiche, senza passare attraverso l'osservazione dei fenomeni. Il suo limite è proprio nelle premesse: se non si è certi della loro veridicità, si rischia di giungere a conclusioni sbagliate.

Come avrai già capito la deduzione è il procedimento inverso dell'induzione: ti ho parlato prima dell'induzione perché essa viene chiamata in causa molto più spesso nell'ambito di procedimenti investigativi, come quelli che vedono protagonista Sherlock Holmes. L'importante, quando si usa l'induzione, è partire da premesse certe: vere, verificate o verificabili. Altrimenti giungeremo a deduzioni molto "traballanti", e rischieremo di venire sviati nel nostro ragionamento.

Il metodo deduttivo è il metodo delle certezze: è ciò che ci permette di avere delle sicurezze nella vita, poiché ci permette di prevedere cosa avverrà in situazioni di fronte alle quali ci troviamo quotidianamente. È uno straordinario strumento di conoscenza del reale perché ci permette di sentirci padroni di ciò che succede attorno a noi e, dunque, ci dà la sicurezza necessaria per esplorare e conoscere.

Vuoi saperne di più?
Il metodo deduttivo nasce anch'esso con Aristotele. O meglio egli fu il primo grande teorizzatore di questo metodo di ragionamento. Aristotele identificò la deduzione con ciò che chiamava sillogismo: da due affermazioni generali, date per vere, si arriva a una conclusione particolare, anch'essa vera. Come avere la certezza che le affermazioni generali siano vere?

Aristotele si affida all'intuizione intellettuale, ma dopo di lui, nei secoli successivi, altri pensatori si occupano della questione al fine di fornire più concretezza e veridicità al procedimento deduttivo. Uno su tutti, Galileo Galilei: egli sosteneva che potevamo giungere ad affermazioni universali vere attraverso l'esperienza, ovvero accumulando dati e, tramite induzione, giungendo a regole generali. Era compito della ragione formulare affermazioni di carattere universale a partire dai dati osservati; una volta fatto ciò, l'uomo possiede dunque un set di leggi universali valide da cui poter dedurre le conclusioni logiche particolari che gli servono.

– *Metodo abduttivo.*

Non hai mai sentito parlare dell'abduzione? Non ti preoccupare, sicuramente non sei il solo! Il metodo abduttivo è molto meno noto degli altri due metodi di ragionamento che abbiamo analizzato. Ma attenzione, questo non vuol dire che sia meno utile. Diciamo che la sua minor notorietà è dovuta al fatto che ci permette di muoverci nel regno delle ipotesi; di per sé questo non è un male, anzi, però molte persone utilizzano questo metodo di ragionamento a sproposito e ciò ha contribuito a creare attorno ad esso una "brutta fama", per così dire.

Chiariamo subito una cosa: il metodo abduttivo non mira a farti trovare certezze. Il suo scopo è un altro. Va usato per quel che è: un formidabile metodo per

265

formulare ipotesi. Vediamo come funziona.

L'abduzione è un ragionamento che, partendo da un singolo fatto da spiegare, formula un'ipotesi che potrebbe spiegarlo e porta all'assunzione di questa ipotesi come *possibile* conclusione. Bisogna ribadire il valore *possibile* della conclusione: solo sotto questa prospettiva l'abduzione assume un suo importante valore. Se si prende come *certa* la conclusione a cui si giunge tramite l'abduzione, nove volte su dieci si cade in errore.

Un esempio può aiutarti a capire meglio qual è il campo di applicazione dell'abduzione. Fatto: la macchina non parte. Ipotesi: se la batteria è scarica, la macchina non parte. Conclusione: la batteria della macchina è scarica.

Questo può essere, giusto? Ma può anche non essere. Magari è finita la benzina nel serbatoio. O magari si è staccato un cavo. Il valore dell'abduzione è quello di indirizzarci su una possibile strada. Sta a noi, poi, fare le opportune verifiche.

L'abduzione è un metodo di ragionamento che si serve di due premesse di cui solo una è certa. L'altra è dubbia e per questo motivo la veridicità della conclusione è solamente probabile. Sei in grado di intuire le potenzialità di questo metodo applicato in certi specifici campi? Pensiamo ad esempio a Sherlock Holmes. Cosa può trarre del metodo abduttivo?

Una grandissima varietà di spiegazioni *possibili* di un fenomeno. E non è poco! Possiamo pensare al metodo abduttivo come a un sistema di indagine della realtà. Ci vuole una mente aperta, attiva, fantasiosa per usarlo al meglio; e ci vuole spirito critico per analizzare le conclusioni cui questo metodo di ragionamento ci permette di giungere. Ma se usato nella giusta maniera, è un potentissimo strumento a nostra disposizione per la risoluzione dei problemi e l'analisi delle situazioni, poiché ci porta a formulare ipotesi, idee, previsioni spesso fuori dagli schemi di pensiero tradizionali.

Vuoi saperne di più?

Anche per il metodo abduttivo siamo debitori ad Aristotele. Fu proprio lui a teorizzarlo per primo, sottolineandone il minor valore rispetto al metodo deduttivo. Colui che ha legato fortemente il suo nome al metodo abduttivo è stato però il filosofo e matematico statunitense Charles Sanders Peirce. Egli l'ha riconosciuto come potente metodo conoscitivo della realtà: per Peirce il metodo abduttivo ci permette di accrescere le nostre conoscenze, poiché formuliamo ipotesi che non avremmo formulato altrimenti e giungiamo a soluzioni non convenzionali. L'abduzione stimola la mente, in ultima analisi, e le consente di uscire dalle logiche "tradizionali".

Come migliorare la comprensione della lettura leggendo in modo più intelligente e coscienzioso

Naturalmente, una percezione aumentata ed il

pensiero critico non ti gioveranno se non inizi a stabilire connessioni tra la conoscenza di cui disponi e ciò che vedi. Questo serve a massimizzare il tuo patrimonio mentale.

Non è necessariamente vero che Sherlock ricorda di più, ma è vero che riesce a vedere le connessioni che di solito alle persone "normali" sfuggono. La gente pensa che Holmes sia l'esempio per eccellenza dell'utilizzo della logica, ma quella logica è innatamente fantasiosa dentro di lui. Non pensa in modo lineare, coinvolge tutta una rete di possibili connessioni.

In sostanza, Holmes ricorda molto perché codifica la conoscenza esaminandone subito tutte le sue implicazioni. È simile al funzionamento del palazzo della memoria, ma invece di sfruttare la memoria di uno spazio, la collega a conoscenze precedenti come una mappa mentale. Tradizionalmente, le mappe mentali sono utilizzate come strumenti di *brainstorming*, ma sono anche un ottimo modo per prendere appunti e memorizzare informazioni. Usare mappe mentali per raccogliere appunti durante l'università aiuta moltissimo a collegare idee tra diverse lezioni, ed aiuterà a consolidare maggiormente quei ricordi nella propria mente.

Quindi, come si mescolano tutti questi fattori? Più connessioni crei e più pensi in modo critico, più otterrai deduzioni facilmente.

Tutto ciò corrisponde con il modo in cui le informazioni sono memorizzate nel cervello di Holmes. Si tratta di una specie di percorso circolare: imparare a pensare in modo critico a qualcosa ti insegnerà anche a ricordare meglio. In tal modo non stai solo migliorando la tua capacità di deduzione, ma stai anche ampliando la tua base di conoscenze.

Con un po' di pratica e pensiero critico, sarai in grado di iniziare a dar forma a quei collegamenti logici per cui Holmes è noto.

Uno dei grandi meriti di Sherlock Holmes - o di qualsiasi detective degno di nota - è quello di aiutarci a capire che raramente vale la pena condensare tutte le tue conoscenze in un singolo ambito. Avere un *set* di conoscenze ed abilità generali renderà le tue abilità di deduzione molto più forti.

Dovresti essere tutt'altro che selettivo nelle tue conoscenze. Holmes sostiene che sia necessario avere una "soffitta del cervello" pulita, ma allo stesso tempo essere un'enciclopedia ambulante di conoscenza. Lui legge in senso incredibilmente ampio – temi sull'arte, sulla musica – argomenti che sembrano non avere attinenza con il suo lavoro da detective. Questa è una lezione incredibilmente importante da apprendere. È importante scegliere una propria nicchia, ma non è positivo specializzarsi in modo eccessivo e dovremmo cercare di rimanere curiosi su qualsiasi argomento senza smettere mai di imparare.

Essere uno studente a tutto tondo non è un compito facile, ma se stai cercando di capire meglio le persone, o semplicemente desideri aumentare la tua base di conoscenza generale, questo è il modo migliore.

Ci vuole molta pratica e solide abitudini per emulare il modo in cui Sherlock Holmes e altri detective guardano il mondo, ma non si tratta di un obiettivo impossibile. Una volta allenato il cervello a fermarsi e prestare attenzione ai piccoli dettagli, il resto del processo verrà da sé. Prima ancora di rendertene conto, sarai in grado di analizzare qualsiasi situazione, che si tratti della sbornia di un amico o della relazione di uno sconosciuto, in pochissimo tempo.

Capitolo 3.

Come sviluppare la tua abilità di pensiero critico

Il pensiero critico è la capacità di pensare in modo chiaro e razionale, comprendendo la connessione logica tra le idee. Il pensiero critico è stato oggetto di molti dibattiti ed opinioni sin dai tempi dei primi filosofi greci come Platone e Socrate, e ha continuato ad essere oggetto di discussione nell'età moderna, per esempio in relazione alla capacità di riconoscere notizie false.

Il pensiero critico potrebbe essere descritto come la capacità di impegnarsi in un giudizio riflessivo e indipendente. In sostanza, il pensiero critico richiede di usare la tua capacità di ragionare. Si tratta di essere uno studente attivo, piuttosto che un destinatario passivo di informazioni.

I pensatori critici mettono rigorosamente in discussione idee ed ipotesi, invece di accettarle senza condizioni. Cercheranno sempre di determinare se le idee, gli argomenti ed i risultati rappresentano l'intero quadro della situazione e sono aperti ad analizzare se non lo fanno.

I pensatori critici identificano, analizzano e risolvono i problemi sistematicamente piuttosto che per intuizione o istinto.

Una persona con capacità di pensiero critico può:

- Comprendere i collegamenti tra le idee.
- Determinare l'importanza e la pertinenza di argomenti ed idee.
- Riconoscere, costruire e valutare argomenti.
- Identificare incoerenze ed errori di ragionamento.
- Affrontare i problemi in modo coerente e sistematico.
- Riflettere sulla probabilità delle proprie ipotesi, credenze e valori.

Il pensiero critico è pensare alla realtà in un modo tale da arrivare alla migliore soluzione possibile nelle circostanze di cui il pensatore è a conoscenza. Nel linguaggio quotidiano, è un modo di pensare a qualunque cosa occupi la tua mente in modo da arrivare alla migliore conclusione possibile.

Il pensiero critico è un modo di pensare ad elementi particolari in un determinato momento; non è il semplice accumulo di fatti e conoscenze, o qualcosa imparato una volta ed usato in quella forma per sempre, come la tabellina del nove imparata a scuola.

L'insieme delle competenze necessarie per chiunque

L'insieme delle competenze di cui abbiamo bisogno per essere in grado di pensare in modo critico è vario e comprende osservazione, analisi, interpretazione, riflessione, valutazione, inferenza, spiegazione, risoluzione dei problemi e processo decisionale.

In particolare, devi essere in grado di:

- Pensare ad un argomento/problema in modo obiettivo e critico.
- Individuare i diversi argomenti che esistono in relazione ad un problema specifico.
- Valutare un punto di vista per determinare quanto sia consistente o valido.
- Riconoscere eventuali punti deboli o negativi presenti nell'argomento.
- Notare quali implicazioni potrebbero esserci dietro un'affermazione o un argomento.
- Fornire ragionamenti strutturati e supporto per un argomento che desideri affrontare.

Il processo del pensiero critico

Logicamente nessuno di noi pensa in modo critico costantemente. A volte pensiamo quasi in ogni altro modo, tranne che in modo critico: ad esempio quando il nostro autocontrollo è inficiato dalla rabbia, dal dolore o dalla gioia; oppure quando ci sentiamo semplicemente "sfortunati".

D'altra parte, poiché la nostra capacità di pensiero critico varia in base alla nostra mentalità, il più delle volte possiamo imparare a migliorare la nostra capacità di pensiero critico sviluppando determinate attività di routine ed applicandole a tutti i problemi che si presentano.

Una volta compresa la teoria, migliorare le tue capacità di pensiero critico richiederà persistenza e pratica. Puoi provare questo semplice esercizio per iniziare a pensare in modo critico.

Rammenta qualcosa che qualcuno ti ha recentemente detto. Quindi poniti le seguenti domande:

Chi l'ha detto?
Qualcuno che conosci? Si trova in una posizione di autorità o potere? È importante *chi* ti ha detto questa cosa?

Cos'ha detto?
Erano fatti o opinioni? Ha fornito tutti i dati? Ha tralasciato qualcosa di importante?

Dove te l'ha detto?
Era in pubblico o in privato? Altre persone hanno avuto la possibilità di rispondere e fornire una versione alternativa?

Quando l'ha detto?

È stato prima, durante o dopo un evento importante? La tempistica è importante?

Perché l'ha detto?

Ha spiegato il ragionamento alla base della sua opinione? Stava cercando di cambiare la tua opinione su qualcuno o qualcosa?

Come lo ha detto?

Era felice o triste, arrabbiato o indifferente? Lo ha scritto o detto a voce?

Cosa cercava di ottenere dicendoti ciò?

Uno degli aspetti più importanti del pensiero critico è decidere cosa si intende capire e quindi prendere decisioni in base a una serie di possibilità.

Una volta chiarito questo obiettivo, dovresti usarlo come punto di partenza in tutte le situazioni future che richiedono pensiero critico e, possibilmente, ulteriore processo decisionale. Ove necessario, rendi consapevoli i tuoi colleghi, la tua famiglia o chi ti circonda della tua intenzione di perseguire questo obiettivo. Devi quindi essere disciplinato per rimanere in pista fino a quando le circostanze mutevoli indichino la necessità di rivisitare il processo decisionale dall'inizio.

Tuttavia, esistono fattori che ostacolano questo processo decisionale. Tutti abbiamo una serie di simpatie e antipatie, comportamenti appresi e preferenze personali sviluppate durante la nostra vita; sono i tratti distintivi della nostra esistenza. Un importante fattore che ci permetterà di pensare in modo critico è proprio la consapevolezza di queste caratteristiche personali, preferenze e pregiudizi. In modo da tenerne conto quando si considerano i possibili passi successivi, sia che siano nella fase di valutazione pre-azione o come parte di un ripensamento causato da imprevisti o impedimenti.

Più siamo consapevoli di noi stessi, e dei nostri punti di forza e di debolezza, più è probabile che il nostro pensiero critico sia produttivo.

Forse l'elemento di maggior importanza del pensiero critico è la lungimiranza. Quasi tutte le decisioni che prendiamo e implementiamo non si riveleranno disastrose se troviamo in anticipo possibili motivi per abbandonarle. Il nostro processo decisionale sarà infinitamente migliore ed avrà maggiori probabilità di successo se, quando giungiamo a una conclusione provvisoria, ci fermiamo e consideriamo l'impatto di tale decisione sulle persone e le attività che ci circondano.

Gli elementi da considerare sono generalmente numerosi e vari. In molti casi, la considerazione di un elemento da una prospettiva diversa rivelerà potenziali pericoli nel perseguire la nostra decisione.
Ad esempio, il trasferimento di un'attività commerciale ad una nuova sede può migliorare

considerevolmente la produzione potenziale, ma può anche portare alla perdita di lavoratori qualificati se la distanza da percorrere è troppo grande. Quale di queste è la considerazione più importante? C'è un modo per ridurre il conflitto?

Questi sono i possibili problemi derivanti da un pensiero critico incompleto, una dimostrazione dell'importanza del buon pensiero critico.

Sviluppa le competenze necessarie per sfruttarlo al massimo, con l'obiettivo di ottenere i migliori risultati possibili in ogni situazione. Per raggiungere questo obiettivo bisogna effettuare la raccolta e la valutazione di informazioni dal maggior numero di fonti possibili.

Ricorda che il pensiero critico richiede lo sviluppo e l'uso della lungimiranza per quanto possibile. L'attuazione delle decisioni prese mediante pensiero critico deve valutare i possibili risultati ed i modi per evitare risultati potenzialmente negativi - o almeno ridurne l'impatto.

Capitolo 4.

La scienza della deduzione

Molti di noi già conoscono molto bene Sherlock Holmes e sono pienamente consapevoli dei suoi metodi di ragionamento deduttivo. Nonostante sia un personaggio immaginario, Sherlock Holmes ha rivoluzionato l'arte del ragionamento e del rilevamento di informazioni, convertendola in una scienza vera e propria.

Coloro che hanno letto Sherlock Holmes o hanno visto il personaggio in TV saranno sicuramente colpiti dai suoi metodi di ragionamento abduttivo. Dedurre l'occupazione di una persona osservando solo le sue mani, o qualsiasi altro indizio esteriore non è cosa facile e richiede un alto livello di logica ed esperienza.

Tradizionalmente, i detective dipendevano solo dagli indizi per risolvere i misteri. Cercavano gli errori commessi comunemente dal criminale mentre aveva luogo il reato, nella speranza di trovare una scia di "briciole" che conducessero direttamente al colpevole. Questo antiquato metodo di risoluzione dei crimini era molto goffo e spesso portava all'arresto di innocenti.

Inoltre, la possibilità di catturare criminali esperti era bassa, perché probabilmente non avevano lasciato tracce estremamente semplici da individuare e seguire.

Tuttavia, il metodo scientifico di ragionamento, che coinvolge il processo di osservazione, ipotesi, previsione, sperimentazione e conclusione - introdotto da Sherlock Holmes - si è rivelato molto migliore, autentico e molto più conclusivo rispetto all'antico metodo di seguire una possibile scia di errori.

In molti trovano questi metodi di osservazione impressionanti e pensano valga la pena impararli, poiché possono risultare utili anche nella vita quotidiana. Potremmo non aver mai bisogno di risolvere crimini, ma questi metodi sono ancora utili in modi e situazioni diverse, come quando stai cercando di trovare le chiavi, il telecomando della TV, o quando desideri stupire i tuoi colleghi di lavoro deducendo le loro azioni della notte precedente.

Passaggio 1: Osservare.

Il processo prevede l'osservazione minuziosa dell'ambiente attorno al caso. Richiede la raccolta di tutti i dati, anche se all'inizio possono sembrare banali o ordinari. Tuttavia, è necessario non effettuare alcuna deduzione senza osservare prima le prove a disposizione, come afferma lo stesso Sherlock:

"È un errore capitale teorizzare prima di avere tutte le prove. Pregiudica il giudizio."

Migliorare le tue capacità di osservazione è d'obbligo se vuoi essere bravo a dedurre. Devi mantenere in allerta i tuoi sensi in ogni momento. L'osservazione è diversa dal vedere o guardare le cose. È la capacità di raccogliere elementi e poi trasporre i fatti in congetture.

Ad esempio, potresti aver visto passare uno sconosciuto, ma se le tue capacità di osservazione sono buone, noterai dei peli di cane sulla maglietta, portando alla possibilità che abbia un cane.

Sherlock Holmes spiega il processo nella seguente conversazione con il Dr. Watson:

"Vedi, ma non osservi." Disse Sherlock. "La distinzione è chiara. Ad esempio, hai visto spesso i gradini che portano dalla sala a questa stanza?"

"Spesso."

"Quante volte?"

"Bene, alcune centinaia di volte."

"Allora quanti ce ne sono?"

"Quanti? Non lo so."

"Proprio così! Non l'hai osservato. Eppure hai visto. È proprio questo che intendo. Ora, so che ci sono diciassette gradini, perché ho visto e osservato."

Passaggio 2: Teorizzare.

Ora arriva la parte importante: la teorizzazione. Ma prima di iniziare a teorizzare qualcosa, dovrai prima filtrare i dati non necessari, raccolti osservando le prove. Altrimenti, potresti finire per creare dozzine di teorie che distoglieranno la tua attenzione dal problema principale.

Una deduzione di successo richiede una completa attenzione al problema principale a portata di mano. Ciò significa che dovrai identificare e ignorare qualsiasi indizio falso o irrilevante che incontri. Solo dopo aver scartato tutti i dati non necessari ed individuato le informazioni essenziali, è possibile passare al processo di ipotesi e teorizzazione.

Ora arriva la parte in cui ti scervelli nel tentativo di creare una teoria adattabile a tutti i fatti. Tuttavia, potresti dover affrontare il problema di creare più di una teoria. La maggior parte delle persone preferisce l'applicazione di congetture in questo caso, il che è sbagliato, come ha affermato lo stesso Sherlock:

"Non immagino mai. È un'abitudine sciocca, distruttiva per la facoltà logica."

In questo caso è meglio eliminare le teorie superflue ed individuare quelle che sembrano più probabili. Mentre valuti quali teorie si applicano meglio al tuo caso, ti aiuterà individuare tutti i punti impossibili e lasciare quelli che sono improbabili.

Sherlock sostiene questo dicendo:
"Questo processo parte dal presupposto che quando hai eliminato tutto ciò che è impossibile, allora qualunque cosa rimanga, per quanto improbabile, deve essere la verità. Può darsi che rimangano diverse spiegazioni, nel qual caso si prova tentativo dopo tentativo, fino a quando trovi la spiegazione più convincente".

Passaggio 3: Testare e concludere.

Ora che hai superato la "seccatura" di osservare le prove e creare teorie pertinenti, è tempo di metterle in pratica. La tua teoria potrebbe fallire le prime volte, ma non va considerata come una sconfitta, bensì un invito a ripetere i passaggi precedenti e provare a capire cosa ti sei perso.

Anche il grande Sherlock Holmes ha dovuto affrontare l'imbarazzo di vedere fallire le sue teorie nei primi tentativi. Ci sono molti casi su cui ha lavorato Sherlock che non hanno prodotto i risultati desiderati. Ma invece di arrendersi, ha cercato tutte le prove trascurate e le ha aggiunte al suo puzzle. Così ha visto spesso i risultati cambiare in modo spettacolare a suo favore.

I passaggi sopra menzionati ti aiuteranno a capire la

scienza della deduzione e ti permetteranno di implementarla con successo nella vita quotidiana.

Capitolo 5.

L'attico mentale di Sherlock Holmes

Sherlock Holmes è famoso per la sua attenzione ai dettagli, per le sue abilità logiche, per essere leggermente (o molto) sociopatico, ma è anche noto per la sua tecnica di memorizzazione - il suo *"Mind Palace"* (attico mentale, o palazzo della memoria).

Sherlock vi si reca per recuperare ricordi e informazioni, per riunire le risposte necessarie a risolvere i crimini. Prendiamo ad esempio la serie della BBC, una delle più famose rappresentazioni di Sherlock Holmes degli ultimi anni:

Sherlock: "Fuori! Ho bisogno di andare nel mio palazzo mentale."
Assistente di laboratorio: "Cosa?"
Watson: "Non parlerà molto per un po', possiamo anche andare."
Assistente di laboratorio: (confuso) "Cosa?"
Watson: "Palazzo mentale."

Quindi il dottor Watson spiega all'assistente di laboratorio cos'è un palazzo della mente (o della memoria). Un palazzo della memoria è una mappa mentale, o una posizione che memorizza i ricordi passati e consente ad una persona di risalire alle informazioni ogni volta che è necessario, senza perdere alcun dettaglio. Sembra complicato e astratto, vero?

Potresti pensare che questo sia dovuto allo straordinario potere di Sherlock, ma molto prima che Sherlock venisse persino creato, il poeta greco Simonide di Ceo inventò il palazzo della memoria. Secondo un mito, a Simonide fu chiesto di identificare dove si trovassero delle persone all'interno di una sala il cui tetto era crollato. Individuò ogni corpo in base a dove sedevano nella sala.

Un recente studio ha dimostrato che, dopo aver trascorso sei settimane a coltivare un "palazzo della memoria" interno, le persone hanno più che raddoppiato il numero di parole che potevano memorizzare in un breve periodo di tempo e le loro abilità sono rimaste impressionanti anche quattro mesi dopo.

Abbiamo vissuto tutti dei momenti in cui avevamo un disperato bisogno di qualcosa, ma non siamo riusciti a trovarlo perché la nostra stanza era troppo disordinata. Lo stesso vale per i nostri ricordi. Tendiamo a rammentare le cose in modo casuale e caotico, rendendo difficile "cercare" e "rintracciare" ciò che vogliamo.

Per comprendere facilmente il concetto di palazzo

della memoria, non devi essere un prodigio o possedere un super cervello appositamente dedicato a rafforzare le tue capacità di memoria. Basta seguire dei semplici passaggi:

- Crea il tuo personale palazzo della memoria.

Il tuo palazzo della memoria potrebbe essere il tuo ufficio, il tuo quartiere o persino un immaginario mondo fantasy con unicorni ed arcobaleni. Non importa, purché tu abbia familiarità con il luogo.

Per i principianti, è meglio visualizzare un luogo con cui si viene spesso a contatto -maggiore è la frequenza, meglio è- come per esempio la propria abitazione di residenza.

- Pianifica un percorso e seguilo.

Immagina di essere in piedi davanti all'ingresso del tuo appartamento e pianificare un percorso per attraversarlo. Potrebbe essere: zona pranzo, soggiorno, camera da letto ed infine bagno; oppure garage, lavanderia, zona pranzo, soggiorno ed infine patio. Decidi tu qual è il modo migliore per attraversare l'appartamento, ma quando sei pronto, segui il percorso!

- Funzionalità dettagliate.

Mentre "cammini" lungo il percorso pianificato, assicurati di prestare attenzione ad ogni angolo del palazzo della memoria. Inoltre, annota ogni funzione o elemento in una sequenza, come da sinistra a destra.

Guarda il dipinto di Van Gogh sul muro nella sala da

pranzo, prendi nota dell'antica lampada gialla appesa al soffitto del soggiorno, ricorda la vecchia pianta morente, regalo di Natale di tua nonna, nel patio.

- Associa ciò che desideri memorizzare al percorso pianificato.

Prendi una lista della spesa come esempio: hai bisogno di un cappello, di una banana e delle verdure.

Associa ciò che vuoi memorizzare alle caratteristiche del palazzo: il cappello di cui hai bisogno con il dipinto di Van Gogh, poi la banana con la lampada ed infine le verdure con la pianta.

Se vuoi ricordare specificamente qualcosa di più vivido, esageralo nella tua immaginazione affinché lasci un'impronta duratura. Associa le funzioni (a sinistra) agli elementi da memorizzare (a destra).

Ora che hai il percorso e le caratteristiche, provaci!

Naturalmente, questa è una versione semplificata dell'uso del palazzo della memoria. Ogni persona memorizza con un approccio diverso nei propri palazzi della memoria. Alcuni vanno oltre e creano funzionalità per ricordare i 45 presidenti degli Stati Uniti in ordine, partendo da George Washington sino ad arrivare a Donald Trump.

Alcuni preferiscono attenersi ai colori ed associarvi oggetti. Altri usano l'approccio linguistico per associare gli oggetti con caratteristiche simili nel suono.

Ciò dimostra che puoi usare il palazzo della memoria per ogni evenienza, e non ti viene richiesto di seguire per forza l'approccio condiviso qui. Trova il percorso migliore per il tuo palazzo della memoria ed esercitati sempre ad usarlo, così potrai dichiarare di avere capacità mnemoniche pari a quelle di Sherlock Holmes, in pochissimo tempo!

Capitolo 6.

Come interpretare la personalità altrui

Quanto conosci le persone che ti circondano?

Per un momento, facciamo un breve viaggio nella mente di un unico individuo. Entrando nella sua mente, recepiamo un'immagine di simpatie, antipatie, paure, pensieri, abitudini, credenze, atteggiamenti, preferenze, regole, valori ed altre caratteristiche di questa persona. Finalmente la vediamo per quello che è veramente, per quello che rappresenta senza mimetizzazione o inganno psicologico, e scorgiamo gli indizi che il suo corpo lascia trapelare, fornendoci una visione profonda, custodita nei recessi della sua mente.

In questo capitolo, ci concentreremo sull'interpretazione dei componenti psicologici che formano la personalità umana. La conoscenza e la comprensione che acquisirai da questa analisi ti forniranno una visione profonda dei pensieri e delle motivazioni delle persone, indipendentemente da ciò che il loro linguaggio verbale possa suggerire. Ciò rafforzerà anche le tue capacità persuasive per convincere gli altri a condividere il tuo pensiero. Inutile dire che Sherlock Holmes era un vero e proprio maestro in questo.

In primo luogo, individueremo i segnali chiave ai quali prestare attenzione per ottenere una visione completa dei veri pensieri e delle reali intenzioni di una persona. Una volta fatto questo, esploreremo i quattro stili di personalità comuni del comportamento psicologico umano. Per influenzare le persone a pensare come vuoi tu, ti basterà identificare il loro stile di personalità ed adeguare di conseguenza il tuo approccio. Inoltre, individueremo i tre tipi di personalità comunicativa e sveleremo la scienza dell'inganno in relazione al linguaggio del corpo e ai segnali biologici di una persona. Notare questi sottili segnali ti aiuterà a identificare le tattiche ingannevoli usate dagli altri per convincerti della loro onestà.

Mentre analizzi il comportamento di una persona, è importante tenere a mente diverse domande. Le domande sono fondamentali per lo sviluppo di una capacità di pensiero efficace. Queste domande ti permetteranno di raccogliere indizi sempre più profondi sul significato e sui motivi alla base dei segnali sottili che ogni persona trasmette durante la giornata.

Il tuo obiettivo è mantenere queste domande sempre presenti nella tua mente, fino al momento in cui raggiungerai la necessaria comprensione che sbloccherà la "ricetta psicologica" dell'altra persona e ti consentirà di capire ed influenzare il suo modo di pensare.

- Cosa significa una certa cosa?
- Cosa rivela di una certa persona?
- In che modo questo è significativo?
- Come devo modificare il mio approccio per influenzare il suo comportamento?

Le tue abilità psicologiche percettive

Quanto segue è una serie di segnali categorizzati di cui devi essere consapevole mentre comunichi o interagisci con un'altra persona.

Ogni segnale ha un significato specifico e definito che rivelerà un mondo di informazioni sugli altri. Individuare questi segnali ti consentirà di raccogliere le informazioni necessarie per avvicinare questa persona al tuo modo di pensare.

All'inizio, questo può essere un processo piuttosto travolgente che richiede uno sforzo concentrato, qualche domanda ed un'attenta osservazione.

È molto difficile capire tutto fin dall'inizio. Tuttavia, è necessario tenere presente che questo è un viaggio di scoperta, che imparerai progressivamente e migliorerai nel tempo. Pertanto, dovresti iniziare prestando attenzione solo ad alcuni di questi segnali. Man mano che le tue competenze crescono, puoi includere ulteriori aggiunte alla lista, fino al punto in cui sarai in grado di comprendere la personalità e le motivazioni nascoste di una persona in pochi minuti.

Nel frattempo, mentre segui questi segnali, assicurati di isolare continuamente e persistentemente ogni variabile e di porre le domande di identificazione (menzionate sopra) che ti permetteranno di sbloccare i motivi, i bisogni ed i desideri nascosti di ogni persona.

I segnali fisici di cui parleremo ora includono il linguaggio del corpo, il linguaggio del viso ed il linguaggio verbale dell'altra persona.

Ognuno di questi segnali rivelerà un mondo di conoscenza e comprensione del tuo interlocutore. Tuttavia, tieni presente che le intuizioni che acquisirai dipenderanno tutte dalle tue capacità personali e dallo sforzo che farai per sbloccare la ricetta psicologica di ogni persona.

Linguaggio del corpo

Il nostro linguaggio corporeo rivela un mondo di intuizioni sui nostri modelli nascosti di pensiero ed autocontrollo emotivo. In effetti, si dice che il nostro linguaggio del corpo sia la porta della mente che sblocca il vero significato dietro le nostre parole e motivazioni. Tuttavia, solo quando impareremo a raccogliere le intuizioni necessarie su ogni segno sottile, saremo veramente in grado di comprendere la mente di coloro con cui interagiamo.

Ecco una serie di segnali del linguaggio globale del corpo che ti permetteranno di raccogliere intuizioni profonde sui motivi, i pensieri ed i comportamenti nascosti dell'altra persona:

- *Modelli di respirazione.*

Come e da dove un'altra persona respira, la velocità, la profondità ed il ritmo del suo respiro forniranno una visione approfondita dei suoi pensieri, motivi e modelli di comportamento nascosti.

Ad esempio, respiri rapidi e brevi possono indicare nervosismo e ansia. D'altra parte, respiri profondi e lenti, originari del diaframma, possono identificare una persona rilassata e spensierata. Tuttavia, se questi respiri profondi sono di natura sporadica, ciò potrebbe significare tensione. È quindi importante leggere i modelli respiratori di ogni persona caso per caso, tenendo conto di tutti gli altri segnali.

Infine, dobbiamo tenere presente che anche i modelli di respirazione sono fortemente influenzati dallo stile di comunicazione della persona. Ai fini di questa discussione, pertanto, non è necessario osservare tanto il suo schema respiratorio, quanto le variazioni dei suoi schemi respiratori rispetto alla norma.

- *Agitarsi.*

L'agitazione può rivelare nervosismo, disagio, o addirittura noia. Ancora una volta devi mettere le azioni altrui nel contesto della situazione sociale ed in prospettiva a tutti gli altri segnali a cui stai assistendo. Inoltre, il punto non è tanto che la persona si agiti, ma piuttosto sarà il come si agita e dove sta dirigendo la sua attenzione a fornirti una visione dei pensieri e dei motivi nascosti.

- *Postura.*

La postura di una persona ti darà indicazioni sui suoi livelli di energia, interesse e modelli emotivi di comportamento.

Il modo in cui una persona sta in piedi, si siede o si accovaccia ti aiuterà a determinare il suo stato d'animo, la reazione nei tuoi confronti, verso il tuo messaggio e la situazione sociale in cui ti trovi.

Come regola generale, una persona che non si "tiene bene" si trova in uno stato d'animo molto fragile e molto probabilmente richiede una dose di incoraggiamento e fiducia. Potrebbe non ammetterlo, ma qualcosa nella sua mente sta provando insoddisfazione, e magari crede di avere a che fare con qualcosa al di fuori del suo controllo o oltre le sue capacità.

D'altra parte, una persona che mantiene una buona postura eretta mentre è in piedi o seduta è spesso in uno stato d'animo positivo ed è aperta al messaggio che stai condividendo con lei.

- Schemi di movimento.

Il modo in cui una persona muove il proprio corpo determinerà ciò che sta pensando e sentendo in ogni momento.

Guarda ed osserva i movimenti del suo corpo mentre ascolta o comunica con te. Questi segnali sottili possono rivelare un mondo di informazioni su di lei, sui suoi sentimenti nei tuoi confronti e sul messaggio nascosto delle sue parole.

Mentre osservi l'altra persona, identifica i movimenti sottili che possono essere organizzati in schemi. Ad esempio, la persona può dire qualcosa, quindi toccarsi immediatamente il naso, inclinare la testa a sinistra e leccarsi le labbra. Magari noterai la ripetizione inconscia di questo movimento ogni volta che discute di un argomento specifico.

Ora poniti le domande sopra indicate per sbloccare il significato dietro questo modello di movimento e come questo sia significativo per la persona, per te e per il contesto sociale in cui ti trovi.

- Posizione di braccia, gambe e busto.

Le braccia, le gambe ed il busto di una persona sono molto indicativi del suo linguaggio del corpo. Il modo di muoversi di una persona, le posizioni o i gesti che compie con le braccia e le gambe, ti forniranno una visione profonda del suo stato emotivo attuale e dei suoi modelli di pensiero. Tuttavia, non limitarti a prestare attenzione a questi segnali del linguaggio del corpo senza collegarli ai *trigger* esterni che influenzano l'altra persona.

Ad esempio, quando tratti un argomento specifico, noti che l'altra persona incrocia gambe e braccia. Questa posizione difensiva dovrebbe significare disapprovazione a ciò che stai dicendo o semplicemente mancanza di volontà a discutere su questo argomento.

Man mano che avanzi nella conversazione, inizi a discutere di altri argomenti. Ciò comporta naturalmente un cambiamento nella posizione di braccia e gambe della persona. Se incrocia le gambe e mostra i palmi, ti sta indicando apertura, interesse ed approvazione. Dato che possiedi grandi capacità percettive, crei una connessione istantanea: il tuo argomento ha suscitato interesse e l'altra persona è ora maggiormente disposta a concordare con te. Questo, in sostanza, è l'unico modo in cui sarai in grado di convincerla a pensare come te. Ed è un principio chiave da tenere presente mentre sei coinvolto in un processo di negoziazione.

Il busto è un altro aspetto importante del linguaggio del corpo. In termini generali, dove punta il busto dell'altra persona, corrisponde a dove si dirige la sua attenzione. Pertanto, se il suo busto si allontana da te durante la conversazione, devi interpretarlo come un segno di disinteresse ed un desiderio di sfuggire a questa interazione sociale. Se invece il busto dell'altra persona punta verso di te, allora avrai catturato il suo interesse e quindi sarà più sensibile all'influenza delle tue parole ed azioni.

Infine, è fondamentale tenere presente che quando si tratta di linguaggio del corpo, nulla è prestabilito. Ogni persona utilizza una varietà di modelli alternati di posizionamento e movimento del corpo che dipendono dal contesto sociale della situazione, dallo stato d'animo attuale e da altre variabili da individuare durante le interazioni.

- Espressioni facciali.

Il viso è probabilmente la parte più espressiva del nostro corpo. Tuttavia, in molti casi, le espressioni saranno minime e, di conseguenza, può essere facile perdersi i segnali se non si presta attenzione.

Ci sono quattro aspetti della comunicazione attraverso il viso a cui dovresti prestare attenzione. Uno è noto come la lettura del viso, che sostanzialmente sblocca il significato di ogni caratteristica geografica di un volto umano ed i tratti psicologici che lo accompagnano.

Gli altri tre aspetti del linguaggio facciale includono gesti, risposte biologiche, movimento degli occhi e comportamento.

Analizziamo ciascuno di questi aspetti di seguito in modo un po' più dettagliato.

- Gesti.

I gesti facciali possono rivelare un mondo di informazioni su pensieri, sentimenti e motivazioni di una persona. Per diventare un grande osservatore delle espressioni visive presta attenzione a quanto segue:

- Labbra e movimento della lingua.
- I diversi tipi di sorrisi ed i movimenti delle sopracciglia.
- Movimento degli occhi.
- Strizzare gli occhi.
- Dove la persona guarda mentre ascolta e conversa con te.
- Movimento delle sopracciglia.
- La tensione dei muscoli facciali.
- Rughe del naso e della fronte.

Ognuno di questi segnali ti aiuterà a sbloccare diversi aspetti dei pensieri e dei sentimenti della persona. Tuttavia, è necessario prestare particolare attenzione ai modelli di questi movimenti, identificando anche i fattori scatenanti che li stimolano.

- Pallore o arrossamento.

Mentre osservi il viso di una persona, presta molta attenzione ai cambiamenti di colore ed all'intensità del tono della sua pelle.

Alcune tue frasi possono influire in modo molto sottile sull'altra persona ad un profondo livello emotivo. In tali casi, una persona potrebbe non esprimere il modo in cui si sente attraverso il linguaggio del corpo o i gesti del viso, ma potrai identificarlo attraverso i cambiamenti del colore del suo viso.

Escludendo possibili problemi di salute, come regola generale quando il viso di una persona assume un colore più chiaro (pallore), spesso significa aver paura o essere scioccata da ciò che ha appena sentito o osservato. D'altra parte, quando il viso di una persona assume un colore più scuro (arrossendo), può significare imbarazzo, disaccordo o rabbia.

Come sempre è necessario inserirli nel contesto della situazione in cui si trova la persona ed interpretarli di conseguenza.

- Contrazione e dilatazione delle pupille.

Identificare le variazioni delle pupille richiede un alto senso di consapevolezza.

Quando le pupille degli occhi sono dilatate (grandi), ciò significa che la persona è rilassata, gode della tua compagnia, è aperta alle tue idee o follemente innamorata di te. D'altra parte, quando le sue pupille sono ristrette (piccole), questo può significare che non è d'accordo con quello che stai dicendo, o semplicemente non ti crede o non si fida di te.

È necessario tenere presente che la dilatazione e la contrazione della pupilla sono fortemente influenzate dall'illuminazione dell'ambiente, dallo stato mentale generale e dalla salute attuale della persona.

- Lingua parlata.

Il linguaggio può rivelare più aspetti di una persona rispetto alle sole parole. In realtà, non è tanto dalle parole stesse che identificherai gli obiettivi segreti o i pensieri della persona, quanto dal significato e dal contenuto emotivo nascosto dietro le parole che utilizza nella conversazione.

Presta attenzione alle parole specifiche che la persona usa mentre conversa con te e gli altri. Queste parole riveleranno alcuni dei seguenti aspetti della sua personalità:

- Pregiudizi personali su determinati e specifici argomenti.

- Livelli e gradi di esagerazione.

- Interessi nascosti.

- Incomprensioni e ipotesi.

- Fatti o opinioni ed idee fittizie.

Una volta che sarai in grado di captare questi sottili segnali, sarai meglio preparato ad adattare la tua strategia di conversazione per influenzare i processi di pensiero dell'altra persona.

- Sottotono emotivo delle parole.

Le vere intenzioni e motivazioni di una persona giacciono spesso nascoste dietro le sue parole e non all'interno delle parole stesse. È quindi necessario prestare molta attenzione alle sfumature emotive delle parole che l'altra persona usa.

Queste sfumature emotive possono essere identificate attraverso il tono di voce, il linguaggio del corpo e le espressioni facciali che l'altra persona adotta mentre comunica con te.

Proprio per questo motivo, è importante prendere coscienza del quadro globale più ampio in relazione al profilo psicologico di una persona. Solo riflettendo su questo quadro più grande sarai in grado di sbloccare la ricetta psicologica dell'altra persona.

- Silenzio.

A volte non è tanto quello che dice l'altra persona a rivelare un mondo di informazioni ed intuizioni su di lei, quanto le informazioni chiave nascoste nei silenzi ed in ciò che non dice.

Quando fai una domanda diretta ad una persona, presta attenzione alla sua risposta, mentre allo stesso tempo prendi nota mentalmente di ciò che non ha detto o menzionato.

Cosa ti dice sui motivi e sulle intenzioni nascoste di questa persona?

Quando una persona fa una pausa tra le sue parole,

presta molta attenzione al suo corpo e al linguaggio del suo viso. Questo momento potrebbe benissimo fornirti un mondo di intuizioni sui suoi schemi di pensiero ed il suo stato d'animo.

Durante questi silenzi come reagiscono il viso ed il corpo?

Cosa posso dedurre sui motivi e le intenzioni nascoste di questa persona?

- Variazioni dei segnali fisici.

Fino ad ora abbiamo discusso una serie di segnali fisici fondamentali da tenere in conto se cerchiamo di individuare i pensieri, le emozioni e le motivazioni segrete di una persona. Ora arriviamo alla conclusione che ciascuno di questi segnali può variare. Questo dipende da alcuni fattori chiave da considerare prima di affrettarci a fare una serie di ipotesi sulla ricetta psicologica della persona:

- Bagaglio culturale.

Il comportamento fisico, i gesti, le parole e le azioni di una persona possono essere significativamente influenzati dal suo background culturale e dalle tradizioni. Quindi dobbiamo interpretare tutti questi segnali in conformità con le tradizioni ed i comportamenti associati al suo patrimonio culturale. Devi quindi conoscere i suoi standard, le sue norme culturali ed adattare di conseguenza le tue interpretazioni.

- Impostazione sociale.

Il comportamento fisico, i gesti, le parole e le azioni di una persona possono essere significativamente influenzati dall'ambiente sociale in cui si trova.

Molti di noi sono consapevoli di ciò che fanno e di come si comportano in determinate condizioni sociali. Ad esempio, ci sono una varietà di segnali e gesti fisici che useresti in una festa, ma sarebbero considerati del tutto inappropriati durante un funerale.

Siamo molto simili ai camaleonti che cambiano colore (comportamento) in base all'ambiente sociale in cui ci troviamo. Ecco perché è importante analizzare i pensieri, le emozioni e le motivazioni di una persona in conformità con l'ambiente sociale ed i comportamenti comuni della sua cerchia sociale.

- Ambiente.

Il comportamento, i gesti, le parole e le azioni di una persona possono essere significativamente influenzati dall'ambiente in cui si trova.

Un tipo specifico di ambiente tenderà a rilassare una persona, mentre in altri casi potrebbe causare stress e ansia. Per questo motivo, è molto importante per noi interpretare i suoi pensieri, le sue emozioni e le motivazioni in conformità con l'ambiente circostante.

- Demografia.

Il comportamento, i gesti, le parole e le azioni di una persona possono essere significativamente influenzati dai suoi dati demografici. I dati demografici possono includere:

- Età.
- Genere.
- Stato civile.
- Stato di impiego.
- Occupazione.
- Religione.

Ognuna di queste variabili influenzerà sicuramente il modo in cui i segnali fisici di una persona si manifestano nel mondo reale. Quindi è necessario interpretare tutti questi segnali tenendo in considerazione le variabili demografiche presentate sopra.

- Salute fisica.

Il comportamento, i gesti, le parole e le azioni di una persona possono essere significativamente influenzati dalla sua salute fisica e capacità.

Molti pensieri, emozioni e motivazioni delle persone sono male interpretati perché non si considera lo stato della loro salute. Per via di certe condizioni, le persone possono alterare in modo significativo il movimento del proprio corpo, i propri gesti facciali, parole e simili. Quindi è importante rimanere sempre attenti e non saltare alle conclusioni prima di determinare che l'altra persona abbia una mente sana e non sia influenzata da alcun disturbo fisico tale da poterne influenzare il comportamento.

- L'apparenza della persona.

L'aspetto esteriore di una persona può fornirti un mondo di informazioni e intuizioni sui suoi pensieri, emozioni e modelli abituali di comportamento.

Ad esempio, una persona con buone abitudini di toeletta, avvolta da un piacevole profumo e ben vestita, proietterà naturalmente un diverso insieme di qualità, tratti della personalità e abitudini di comportamento rispetto ad una persona dall'odore spiacevole e vestita di stracci.

Ovviamente, è importante non giudicare un libro dalla copertina. Tuttavia, dobbiamo prendere queste informazioni e considerarle assieme a tutte le altre variabili e segnali raccolti su questa persona. Solo in questo modo possiamo effettivamente dar forma al puzzle che ci aiuterà a comprendere la personalità di una certa persona.

Gli elementi costitutivi della personalità

Alcuni di questi elementi costitutivi si manifestano ad un livello consapevole, mentre altri come credenze e valori si manifestano a livello inconscio. Ecco quattro variabili chiave a cui prestare attenzione per rivelare un mondo di informazioni sulle altre persone:

- *Credenze.*

Le convinzioni di una persona determinano quali azioni compiranno regolarmente e quali decisioni prenderanno costantemente. Inoltre, queste credenze determinano anche ciò che questa persona non farà mai ed attività alle quali non parteciperà - dato che vanno contro le sue credenze.

Un aspetto significativo del processo delle credenze è il contesto della religione. Tutte le religioni hanno una serie di regole, standard o comandamenti a cui i loro fedeli sono soliti non trasgredire. La violazione di queste regole avrà inevitabilmente conseguenze morali che porteranno a circostanze indesiderabili.

Il tuo primo obiettivo è identificare se la persona con cui stai interagendo ha una serie di credenze religiose. Se la risposta è sì, il tuo prossimo passo è determinare il livello ed il grado delle loro convinzioni. Una volta disponibili queste informazioni, sarai in grado di prevedere il comportamento della persona, i suoi pensieri ed i modelli emotivi, cosa che ti consentirà di influenzarli.

La religione è tuttavia solo un aspetto minimo del processo delle credenze. Ne abbiamo molte altre relative alla vita, all'amore, all'espressione di sé, al lavoro e al gioco. Tutte queste credenze determinano le decisioni che prenderemo e le azioni che intraprenderemo su base giornaliera. Quanto più approfondito sarai identificando le credenze di una persona, tante più intuizioni avrai sulla sua personalità. Sarai così in grado di prevedere meglio il suo comportamento futuro.

Per sbloccare i modelli di credenza di una persona è sufficiente porre domande aperte ed efficaci sulle sue opinioni e pensieri rispetto a determinate e specifiche situazioni. Dopodiché, devi ascoltare le sue parole ed osservare le sue espressioni fisiche di accompagnamento. Tutti questi segnali ti forniranno una chiara visione dei sistemi di credenze della persona.

- Valori.

I valori ti aiuteranno ad interpretare il processo decisionale delle persone e ti aiuteranno a prevedere il loro comportamento futuro, inclusi i loro modelli di pensiero ed emozione.

Tutti noi abbiamo un sistema di classificazione inconscio assegnabile alle nostre esperienze emotive. Un evento specifico ci farà provare certe emozioni dolorose o piacevoli. Quindi interpretiamo questi eventi e assegniamo loro una classifica, dal più al meno piacevole. Ecco un esempio di gerarchia di valori (associazione di sentimenti di piacere ai diversi valori):

- Duro lavoro (molto piacevole).

- Amore.

- Salute.

- Avventura.

- Sicurezza (meno piacevole).

In questo specifico caso, questa persona apprezza soprattutto il duro lavoro. Quindi è molto probabile che sacrifichi la sua salute e le sue relazioni (amore) per trascorrere più tempo al lavoro. Questo ti fornirà anche una chiara visione del processo decisionale di questa persona e ti consentirà quindi di influenzare meglio il suo comportamento in conformità con la sua personale gerarchia di valori.

- Atteggiamento.

L'atteggiamento di una persona è la manifestazione della sua personalità mentre si scontra con le circostanze imprevedibili del suo ambiente esterno.

Presta particolare attenzione a come una persona reagisce ad eventi e circostanze specifici all'interno del proprio ambiente. Ciò rivelerà il suo atteggiamento ed altri misteri che giacciono nascosti nei recessi della sua mente.

- Punti di forza e di debolezza.

Tutti abbiamo un insieme di punti di forza e di debolezza percepiti e reali. Il primo tipo lo riconosciamo attraverso le nostre prospettive personali distorte, mentre il secondo si basa sui nostri limiti.

Quando interagisci con un'altra persona, è importante determinare e realizzare una distinzione tra il percepito e l'effettivo. Questa distinzione ti aiuterà a sbloccare una varietà di caratteristiche della personalità che potrai usare per influenzare l'altra persona al tuo modo di pensare.

I punti di forza e di debolezza di una persona vengono rivelati attraverso le parole, il linguaggio del corpo, i gesti e le azioni. La chiave è rimanere vigili per determinare come usare queste informazioni a tuo vantaggio.

- Partecipa alla vita della persona.

Il modo in cui una persona vive la propria vita, i suoi interessi e hobby, i ruoli che ricopre, i suoi scopi ed obiettivi possono rivelare un mondo di mistero ed intrighi, aiutandoti a interpretare la sua personalità.

- Ruoli personali e professionali.

Ognuno ha ruoli certi e specifici durante la propria vita. Interpretiamo ruoli come:

- Studenti.
- Genitori.
- Colleghi.
- Amici.

Ognuno di questi ruoli è accompagnato da una serie di decisioni, azioni, credenze, emozioni ed un intero insieme di caratteristiche psicologiche.

Il modo in cui una persona si comporta assumendo un ruolo, molto probabilmente sarà assai diverso rispetto alle responsabilità richieste da altri ruoli. Pertanto, è necessario tenerne conto quando si interagisce con una persona.

La seguente serie di domande ti aiuterà a ottenere un po' di chiarezza:

- Che ruolo interpreta attualmente questa persona?
- In che modo questo ruolo influenza i suoi pensieri, emozioni, decisioni, comportamenti ed azioni?
- Quali intuizioni mi fornisce sulla sua personalità?

Soprattutto, tieni presente che i ruoli non creano la persona, sono solo un aspetto della personalità di questa persona. Il tuo obiettivo rimane individuare l'immagine completa e non solo un pezzo del puzzle.

- Interessi e hobby.

Le passioni di una persona aiuteranno a rivelare la sua gerarchia di valori. Potrai anche usare queste informazioni per attirare, motivare e creare un legame grazie ad interessi simili che renderanno l'altra persona più suscettibile alla tua influenza.

Puoi determinare gli hobby e gli interessi di una persona attraverso una semplice conversazione, utilizzando domande aperte.

- Traguardi e obiettivi.

Acquisendo una panoramica degli scopi e degli obiettivi di una persona, in sostanza stai sbloccando le sue priorità e le motivazioni che la spingono ad andare avanti.

Il tuo obiettivo in qualsiasi interazione è individuare questi traguardi ed allo stesso tempo cercare modi per trovare un terreno comune atto a sviluppare livelli più profondi di rapporto con l'altra persona.

- Partecipa alle dinamiche sociali di una persona.

Le dinamiche sociali sono aspetti di uno stile di vita sociale. Assistere a questi aspetti della vita di una persona ti consentirà di intuire meglio le sue credenze e i suoi valori e di prevederne comportamenti ed azioni.

- Ricchezza.

Lo stato finanziario di una persona determinerà spesso:

- Le decisioni prese ogni giorno.
- I luoghi visitati.
- Le cose acquistate o meno.
- I gruppi sociali a cui si riferisce.
- I piaceri che cerca.

- I valori e le credenze che coltiva.

C'è letteralmente una pletora di fattori da valutare e tenere in considerazione. La chiave, tuttavia, è essere vigili e basare parte delle tue interpretazioni psicologiche sullo stato finanziario di una persona.

- Contesto sociale.

Come indicato per la ricchezza, anche lo status sociale di una persona influenzerà i suoi pensieri, comportamenti, decisioni ed azioni quotidiane. Si tratta quindi di un aspetto critico della vita di una persona da tenere in considerazione se si cerca di comprenderla fino in fondo.

- Livello di educazione.

L'istruzione offre alle persone una diversa prospettiva sull'amore, la vita, l'angoscia ed innumerevoli altre cose. Queste differenti prospettive alterano in modo significativo le credenze, i valori e l'atteggiamento di una persona nei confronti degli altri e del mondo che li circonda. Pertanto, è fondamentale prendere in considerazione il livello di istruzione di una persona durante questo processo.

- Comportamenti specifici della situazione.

Il comportamento specifico della situazione si riferisce

alle azioni intraprese dalle persone e alle decisioni che prendono quando incapsulate all'interno di determinati contesti sociali.

Ognuno di questi contesti sociali ti fornirà approfondimenti unici sui modelli di pensiero e sull'autocontrollo emotivo della persona.

Eccone alcuni:

- Influenza di colleghi e modelli.

La maggior parte delle persone si comporterà diversamente come risultato delle caratteristiche delle persone all'interno della loro sfera sociale di influenza.

Presta particolare attenzione alle decisioni di una persona, alle azioni ed ai lievi movimenti fisici del suo corpo e del suo viso mentre interagisce con gli altri. Questi segnali riveleranno un mondo di intrighi su di lei e su come si relaziona con le altre persone.

I modelli di ruolo di una persona - le persone a cui guarda per ottenere assistenza e supporto - influenzeranno fortemente anche il suo comportamento, le sue decisioni e le sue azioni. Pertanto, dipende da te determinare chi vuole diventare e in che modo ciò influenza i suoi modelli di pensiero, i valori, le credenze e la vita emotiva di questa persona.

- Consumo di alimenti e bevande.

Si dice spesso che siamo ciò che mangiamo (e beviamo).

Il cibo che una persona mangia e le bevande che consuma ti forniranno indizi sui suoi valori e credenze. Può anche rivelare intuizioni ancora più profonde sulle sue motivazioni e sui modelli di pensiero sottostanti.

Le abitudini alimentari possono anche rivelare la salute o lo stato d'animo di una persona.

Alcune persone consumeranno piccoli pasti perché vogliono perdere peso. Altri mangeranno pasti ricchi di proteine perché vogliono aumentare la propria massa muscolare. Improvvisamente hai scoperto aspetti della vita di questa persona senza neanche parlarci.

Naturalmente, mangiare pasti piccoli o ricchi di proteine potrebbe avere altri significati. Ma non è questo il punto. L'importante è giungere ad una comprensione globale della persona da tutte le angolazioni e prospettive.

Una volta che avrai chiaramente organizzato tutte queste variabili nella tua mente, riuscirai a comprendere i suoi pensieri ed influenzarli con facilità.

- Tendenze comportamentali sociali.
Dobbiamo sempre tenere presente che le persone riveleranno diversi aspetti di sé stesse in una varietà di circostanze sociali ed emotive. Quindi non conosci veramente una persona finché non l'hai vista:

- Da sola (o almeno quando pensa di essere sola).
- In differenti situazioni.
- Quando è rilassata e gioca.
- Quando sta lavorando.
- E quando è stressata.

Solo dopo aver visto una persona in tutti gli scenari di cui sopra, puoi davvero ottenere un quadro chiaro di chi è.

Diamo ora un'occhiata ad alcune di queste situazioni in modo un po' più dettagliato:

- *Solitudine.*

Quando una persona pensa di essere sola o che nessuno la stia guardando, molto probabilmente poserà la sua maschera sociale e rivelerà il suo vero modo di essere.

Le persone spesso mettono in scena uno spettacolo per gli altri quando sono in compagnia. Vogliamo tutti essere apprezzati e desiderati, di conseguenza ci adattiamo agli altri. Quindi agiremo, risponderemo e faremo cose che potrebbero andare contro i nostri normali schemi di comportamento.

- *Stress.*

Si dice che non conosci davvero una persona se non l'hai vista stressata.

Quando le persone sperimentano alti livelli di stress, non hanno più la forza o la capacità di nascondere al mondo le loro vere caratteristiche o intenzioni. Sono quindi queste vette di grande emozione che rivelano i segreti più profondi e più oscuri di una persona. D'altra parte, potrebbero benissimo rivelare un sorprendente aspetto positivo della loro personalità: la forza e capacità di resistere ai problemi che affrontano.

- *Relax.*

Quando una persona è rilassata, può bere un po' di alcol, dire cose che normalmente tratterrebbe o semplicemente mostrare caratteristiche nascoste alla vista del pubblico. Per questo motivo, è importante portare la persona fuori dall'ambiente sconosciuto, in un'atmosfera rilassata dove possa tranquillizzarsi e rivelare i suoi reali pensieri.

- Socialità.

Le persone risponderanno in vari modi ai diversi tipi di persone con cui interagiscono quotidianamente. Il tuo obiettivo è osservare il loro comportamento, le decisioni e le azioni durante questi periodi di interazione.

È importante determinare come una persona risponde a persone di diversa cultura, stato sociale, background educativo e genere.

Soprattutto, tieni presente il modo in cui questa persona agisce, parla ed esprime sé stessa. Pertanto, se parla male delle persone assenti, allora puoi essere quasi certo che sta facendo lo stesso con te.

- Congruenza generale.

Dato tutto ciò di cui abbiamo discusso finora, è necessario infine prestare attenzione al livello di congruenza che questa persona mostra in qualsiasi momento, ed anche nel tempo.

Prova a chiederti:

Le credenze, i valori, il linguaggio del corpo e i gesti di questa persona corrispondono alle sue parole o sono incoerenti?

Cosa rivelano queste incoerenze sui suoi schemi di

pensiero e sul suo stato d'animo emotivo?

- *Comportamento influenzante.*

Troverai piuttosto difficile influenzare qualcuno se comunichi in uno stile contrario al modo in cui percepisce, interpreta e descrive il suo mondo.

Proprio per questo motivo, dobbiamo imparare ad interagire con l'altra persona secondo il suo orientamento comunicativo. Quindi, rispecchieremo il ritmo vocale di una persona, le parole pronunciate, gli schemi respiratori e qualsiasi altro dettaglio che affiora naturalmente del suo metodo di comunicazione.

Tieni presente che mentre rispondi ed abbini il tipo di comunicazione che usi a quello della persona, devi anche prestare particolare attenzione alla sua personalità. Solo in questo modo risolverai l'equazione della sua personalità e di conseguenza la aprirai alla tua influenza.

Come influenzare il tipo di comunicazione delle persone.

Individuare questi sottili segnali ti aiuterà ad individuare le tattiche ingannevoli usate dagli altri per convincerti della loro onestà. Individuarle richiede un'attenta osservazione, attenzione ai dettagli ed una mentalità aperta che ti aiuterà a capire le vere intenzioni dell'altra persona.

Al fine di migliorare la nostra capacità di riconoscere le tattiche ingannevoli degli altri, dobbiamo coltivare l'abitudine di porci tre domande chiave atte a rivelare le motivazioni del comportamento altrui.

- Cosa significa?
- Cosa rivela di questa persona?
- In che modo è significativo?

I sottili segnali dell'inganno.

Come specie umana, non sempre siamo sinceri, a causa di una varietà di ragioni e circostanze personali. In effetti, siamo diventati così abili nell'inganno che per alcuni è diventata una sorta di forma d'arte, che implica un'attenta preparazione ed attenzione ai dettagli. Eppure, per quanto le persone possano provare a nascondere le loro vere intenzioni, c'è un principio base imprescindibile: siamo tutti psicologicamente umani e come tali mostriamo tutti una serie di modelli di comportamento inconsci e semi-coscienti, prevedibili e banali. E sono proprio questi comportamenti a svelare i segreti delle nostre menzogne.

Mentre individui questi segnali, ricorda di non giudicare mai le intenzioni o le motivazioni di una persona basandoti solo su uno o due segnali isolati. Prendi invece in considerazione tutto ciò che è stato discusso finora ed uniscilo ai segnali di menzogna qui raccolti. Solo allora avrai un quadro completo della persona e sarai in grado di giudicare se le sue intenzioni sono sincere o meno.

- Gli occhi.

Si dice che gli occhi siano il riflesso dell'anima. In

questo caso, gli occhi saranno anche le finestre che rivelano le bugie di una persona.

Presta attenzione ai seguenti segnali comuni di inganno:

- Occhi chiusi mentre si parla.
- Pupille ristrette (piccole).
- Evitare il contatto visivo.
- Sbattere le palpebre irregolarmente.

- Il viso.

Le risposte biologiche del viso sono i principali segni rivelatori dell'inganno.

Una persona può essere in grado di frenare il proprio linguaggio del corpo; tuttavia, le sue risposte biologiche sono una storia completamente diversa.

Tieni presente che non si possono isolare questi segnali facciali senza tenere conto delle parole dette e dei comportamenti che le accompagnano.

- Le mani.

Le nostre mani possono essere utilizzate in modi molto espressivi quando comunichiamo con gli altri. Inoltre, le nostre mani possono raccontare un'intera storia senza che le nostre labbra mormorino mai una sola parola. Questo è qualcosa che deve essere preso in considerazione quando si cerca di smascherare i segnali della menzogna.

In molti casi, quando stiamo cercando di ingannare gli

altri, tendiamo naturalmente a trattenere le nostre mani dal rispecchiare le nostre parole ed espressioni. Tuttavia, a livello inconscio, può accadere che le nostre mani tendano ad imitare i nostri schemi di pensiero e le tendenze emotive. E sono questi segnali visivi a rivelare i modi ingannevoli.

Presta attenzione ai seguenti segnali comuni di inganno:

- Copertura del collo e del viso.
- Costante agitazione.
- Movimento delle mani significativamente limitato.

- Disagio generale e nervosismo.

A volte è il livello generale di disagio di una persona a far scattare l'allarme ed avvisarti dei suoi schemi ingannevoli di comportamento.

Presta attenzione ai seguenti segnali comuni di inganno:

- Contrazioni di viso, piedi, corpo o mani.
- Movimenti esagerati della testa.
- Leccarsi le labbra.
- Respirazione irregolare.
- Tremolio della voce.

- Interpretazione del movimento oculare.

I nostri occhi rivelano un mondo di informazioni sui nostri modelli di pensiero. In effetti, la posizione dei nostri occhi può rivelare se stiamo ricostruendo eventi nella nostra mente, immaginando avvenimenti mai esistiti o sfruttando sentimenti o emozioni nascoste che occultiamo regolarmente agli altri.

Sì, tutti questi segnali possono essere interpretati e rivelati attraverso il semplice atto di osservare i movimenti oculari di altre persone. E sì, possono anche rivelare se la persona di fronte a te è genuina o meno.

Il campo della Programmazione Neuro Linguistica (PNL) ha rivelato che il nostro posizionamento oculare - durante l'ascolto o la comunicazione con altre persone - rivela l'utilizzo di diverse zone e segmenti del nostro cervello. L'analisi del nostro posizionamento oculare fornisce dunque agli altri una visione dei nostri modelli di pensiero e di elaborazione delle informazioni.

Tieni presente che ciò che segue è una rappresentazione delle caratteristiche comuni alle persone destrorse. Come tale, sarebbe sciocco interpretare tutti i modelli di pensiero in tale maniera. Tuttavia, queste linee guida ci forniscono elementi costanti applicabili con risultati coerenti e solidi. Per gli individui mancini, si possono utilizzare le stesse regole con la direzione opposta.

I seguenti punti elencano la posizione degli occhi ed il

loro significato associato:

- A destra e in alto - la persona sta creando immagini nella sua mente.
- Destra - la persona sta creando suoni nella sua mente.
- Verso il basso - la persona sta evocando sentimenti del passato o sta creando sentimenti futuri
- Sinistra e su - la persona sta accedendo a immagini dalla memoria.
- Sinistra - la persona accede ai suoni dalla memoria.
- Sinistra e giù - la persona sta parlando con sé stessa.

Per usare questa conoscenza in modo efficace, devi prima diventare consapevole ed osservare attentamente i movimenti oculari dell'altra persona mentre interagisce con te. Dopodiché, devi individuare incoerenze nelle parole della persona, nel linguaggio del corpo e nei movimenti oculari che adottano. In questo modo, sarai in grado di individuare meglio le loro tattiche ingannevoli.

Ad esempio, immagina di chiedere a due persone diverse di fornire dettagli specifici di ciò che hanno visto il giorno prima sulla scena di un crimine.

La prima persona inizia a rispondere ed immediatamente gira gli occhi verso l'alto e verso destra.

Questo ti dice che sta creando (immaginando) una visione nella mente che non è veritiera. D'altra parte, la seconda persona comunica mentre fa oscillare gli occhi verso l'alto e verso sinistra. Questo ti dice che sta accedendo alle immagini dalla memoria ed esperienza.

Per un detective ciò potrebbe significare che la seconda persona sta dicendo la verità, mentre la prima persona per qualche motivo non è completamente onesta sugli eventi visti il giorno prima.

Avrai bisogno di esercizio per riuscire a realizzare queste osservazioni in tempistiche adeguate ed in tutte le situazioni possibili; tuttavia, nel tempo, questa potrebbe benissimo essere una delle abilità più importanti che tu abbia mai imparato.

Influenzare le diverse personalità

All'interno di questa sezione, analizzeremo i quattro stili di personalità comuni che rappresentano il comportamento psicologico umano delle persone. Basta identificarne i tratti ed adattare di conseguenza il tuo approccio al fine di influenzare le persone come preferisci.

Personalità sociali.

Lo stile di personalità del socializzatore è diretto e possiede una natura orientata alle persone.

Una personalità sociale tenderà generalmente a

mostrare il seguente insieme di tratti:

- Richiede amore, sostegno e popolarità.
- È concentrato sui risultati.
- Mostra un atteggiamento educativo e premuroso.
- Mostra preoccupazione per gli altri.
- Stabilisce relazioni nuove con facilità.
- Gli piace essere al centro dell'attenzione.
- È di natura molto loquace.

Avrai successo influenzando la personalità di un socializzatore se usi le seguenti linee guida:

- Fai complimenti regolari.
- Mostra sincero interesse.
- Parla di altre persone.
- Evita discussioni.
- Comunica appassionatamente.
- Ascolta attentamente.
- Coinvolgilo nelle attività.
- Mostra alti livelli di energia.
- Poni domande.
- Sii positivo ed estroverso.
- Mettilo al centro dell'attenzione.
- Usa gesti caldi ed invitanti.

Personalità analizzatrice.

Lo stile di personalità dell'analizzatore è indiretto e possiede una natura orientata alle attività, concentrata sugli obiettivi.

L'analizzatore tenderà generalmente a mostrare il seguente insieme di tratti:

- È attento ai dettagli.
- Pensa in passaggi logici.
- È preoccupato circa la propria precisione.
- Ritarda il processo decisionale.
- Prende decisioni con facilità.
- È molto privato.
- È un sistematico risolutore di problemi.
- Ha una natura molto leale e onesta.
- Lavora bene da solo.

Avrai successo influenzando la personalità di un analizzatore se usi le seguenti linee guida:

- Adotta un approccio serio.
- Presenta fatti, statistiche e dati solidi.
- Fornisci dettagli precisi.
- Fornisci sequenze logiche e metodiche.
- Non esagerare mai.
- Concedigli il tempo di pensare.
- Conferma le cose per iscritto.

- Parla in modo dettagliato.

- Parla lentamente e in sequenza.

- Fornisci un feedback dettagliato.

Personalità Empatica.

Lo stile di personalità empatico è indiretto e possiede una natura orientata alle persone.

Una personalità empatica tenderà generalmente a mostrare il seguente insieme di tratti:

- Schietto.

- Entusiasta.

- Spontaneo.

- Si annoia rapidamente.

- È un grande ascoltatore.

- Sensibile alle opinioni degli altri.

- Agisce e parla in modo persuasivo.

Avrai successo influenzando un empatico se usi le seguenti linee guida:

- Parla con profonda convinzione.

- Mostra un atteggiamento appassionato.

- Sii premuroso e paziente.

- Riconosci i suoi sentimenti.

- Mostrati d'accordo.

- Complimentati per le sue opinioni.

Personalità direttiva.

Lo stile di personalità direttiva è diretto e possiede una natura orientata all'obiettivo.

Una personalità direttiva tenderà generalmente a mostrare i seguenti tratti:

- Socialmente insensibile e impaziente.
- Ha scarse capacità di ascolto.
- È concentrato sui propri obiettivi.
- È molto competitivo.
- Ha una forte autostima.
- Agisce in modo strategico, rapido e deciso.
- È un pensatore indipendente.
- Ha una forte volontà.
- Si concentra sui risultati.
- È preciso nelle decisioni e nelle azioni.
- Ha molto controllo.
- È un leader nato.

Avrai spesso un grande successo influenzando una personalità direttiva se usi le seguenti linee guida:

- Mostragli rispetto.
- Supporta i suoi obiettivi, idee e piani.
- Non discutere con lui.
- Parla rapidamente, in modo conciso e realistico.

- Discuti delle sue idee.
- Raggiungi rapidamente il punto della conversazione.
- Usa parole potenti che suscitano emozione.
- Complimenta le sue idee.

I tipi di comunicazione sensoriale.

Esistono tre tipi di comunicazione basati sulla personalità. Basta identificare i tratti ed adattare di conseguenza il tuo approccio al fine di influenzare le persone con il tuo modo di pensare.

I tre tipi di comunicazione.

Ognuno di noi preferisce naturalmente un certo stile di comunicazione personale e differente dagli altri. Ciascuno di noi ha una propria natura visiva, cinestesica o uditiva. La tua natura determinerà il modo in cui acquisisci, comunichi e memorizzi informazioni dall'ambiente esterno.
Prima di iniziare, è importante capire che quando comunichiamo a livello sensoriale con un'altra persona, questo per l'altra persona significa avere molto in comune con noi. Sarà quindi molto più disposta a rilassarsi, a comunicare liberamente, ad aprirsi alla nostra influenza e ai nostri suggerimenti.

- Tipo sensoriale visivo.
Una persona che recepisce informazioni in modo

visivo, usa prevalentemente i propri occhi per raccogliere dati sull'ambiente esterno. Tende a respirare rapidamente dall'alto del petto e parlare ad un ritmo furioso.

Questo genere di persone tende a non essere grandi ascoltatori poiché sono spesso distratti dai colori e dai movimenti dell'ambiente. Tendono ad utilizzare parole visivamente descrittive quando parlano di persone ed eventi.

- Tipo sensoriale uditivo

Una persona che recepisce informazioni in modo uditivo, utilizza prevalentemente le proprie orecchie per raccogliere dati sull'ambiente esterno. Tende ad essere molto ritmato, parla con una cadenza moderata e si diverte ad ascoltare attentamente gli altri.

Spesso potresti individuare persone di tipo uditivo dal fatto che ascoltano una conversazione con la testa leggermente inclinata in una direzione. Questo genere di persone tende ad usare parole dal suono uditivo per descrivere persone, eventi e ambiente.

- Tipo sensoriale cinestetico.

Una persona cinestetica usa prevalentemente il tatto e la sensibilità per raccogliere informazioni sul proprio ambiente esterno. Tende a parlare molto lentamente e metodicamente. Respira profondamente dal diaframma e guarda spesso in basso per raccogliere i suoi pensieri e sentimenti.

Le persone cinestetiche tendono anche ad usare parole

accompagnate da sentimenti ed emozioni profonde. Le persone orientate alla vista tendono a diventare piuttosto impazienti con il tipo sensoriale cinestetico, a causa delle differenze nella velocità del pensiero e delle parole. D'altra parte, le persone cinestetiche tendono a confondersi quando comunicano con le persone visive, proprio a causa delle variazioni della velocità della comunicazione.

Capitolo 7.

Come pensare fuori dagli schemi

I pensatori creativi governano il mondo, perché cercano sempre modi più veloci, migliori e più facili per raggiungere i loro obiettivi. I pensatori creativi sono responsabili di molte delle grandi scoperte, innovazioni progressi della storia umana. Sanno che a volte basta una buona idea per cambiare il corso di un'azienda o di una vita.

Il più grande nemico del pensiero creativo è il pensiero meccanico, che tende ad essere rigido e non flessibile. "O è come dico io oppure in nessun altro modo": il pensiero meccanico è radicato nella paura del fallimento, dell'errore e della perdita di tempo, denaro o entrambi. È innescato da paure di critiche o disapprovazione da parte degli altri.

Un pensatore meccanico:
- Pensa in termini di bianco e nero piuttosto che di sfumature di grigio.
- Pensa in maniera estrema: sì vs. no e su vs. giù.
- Pensa che esista un solo modo per risolvere un problema, mentre di solito ce ne sono molti.

- È vittima di "omeostasi".

- È bloccato nella sua zona di comfort.

- Tende a rigettare qualcosa di nuovo o diverso, persino un miglioramento delle condizioni.

Scopri il tuo stile di apprendimento e come esso determina i tuoi modelli di comprensione, le tue preferenze ed i tuoi approcci. Hai un potenziale creativo di gran lunga maggiore di quello che potresti usare in centinaia di vite. In realtà diventi più creativo ogni volta che ti viene in mente qualcosa di nuovo.

La creatività è il miglior indicatore di successo nella vita e nel lavoro. Più sei creativo, migliori saranno le tue idee, il tuo lavoro e tutto ciò che ti circonda. Ricorda: una buona idea può essere sufficiente per cambiare l'intera direzione della tua vita.

Come riconoscere la creatività.

I creativi sono curiosi. Fanno molte domande e non sono mai soddisfatti. In effetti, puoi diventare più creativo semplicemente ponendo più domande su ciò che ti accade intorno, piuttosto che accontentarti di risposte superficiali.

Ci sono molti studi sulle qualità dei geni nel corso dei secoli. Il primo fattore scoperto è che l'intelligenza non è una questione di quoziente intellettivo o titoli accademici. Molti cosiddetti geni avevano un'intelligenza media o leggermente superiore alla media. Invece, il genio, o il pensiero eccellente, sono più una questione di atteggiamento e approccio verso le inevitabili sfide della vita.

Sembra che i geni abbiano tre qualità che si sviluppano nel tempo:

1) Un genio mantiene una mente aperta.

In primo luogo, affrontano ogni problema o situazione con una mente aperta, quasi con un atteggiamento infantile di esplorazione e scoperta. Più la tua mente è aperta ad approcci nuovi e diversi rispetto alla *routine* quotidiana, più è probabile ottenere intuizioni ed idee che ti spingano fuori dalla tua zona di comfort. Idee che ti consentano di pensare fuori dagli schemi. I geni chiedono continuamente "Perché?", "Perché no?" e "E se?".

2) I geni considerano ogni aspetto di un problema.

In secondo luogo, i geni considerano attentamente ogni aspetto di un problema, rifiutano di saltare alle conclusioni e raccolgono sempre più dati. Testano e convalidano le loro conclusioni provvisorie in ogni fase. Evitano di giudicare prima di conoscere. Sono sempre aperti alla possibilità di sbagliarsi o al fatto che la loro idea non vada bene.

Una volta fu chiesto ad Albert Einstein: "Se fossimo di fronte ad una grande emergenza o un potenziale disastro tale da poter distruggere la terra in 60 minuti e ti fosse chiesto di trovare una soluzione, cosa faresti?"

Einstein rispose: "Trascorrerei i primi 59 minuti a raccogliere informazioni e l'ultimo minuto a risolvere il problema nel migliore dei modi."

Oggi, ad esempio negli affari, specialmente nello sviluppo di nuovi prodotti, più tempo trascorri a lavorare a stretto contatto con i clienti, per essere sicuro che la tua nuova idea di prodotto o servizio sia esattamente ciò che vogliono, di cui hanno bisogno e che sono disposti a pagare, più è probabile che avrai successo in un mercato in rapida evoluzione ed altamente competitivo.

3) Un genio adotta un approccio sistematico.

Terzo, i geni di ogni genere usano un approccio sistematico alla risoluzione dei problemi ed al processo decisionale.

I matematici, i fisici, i medici, i meccanici e le persone di successo nel proprio campo, non si fiondano su un problema come un cane che insegue un'auto che passa. Seguono piuttosto una lista attentamente progettata e si fanno strada attraverso il problema, passo dopo passo, verso una conclusione.

Atul Gawande, nel suo libro "The Checklist Manifesto", racconta la storia di due esperti di investimenti, entrambi di successo, ma uno di gran lunga più dell'altro.

Entrambi avevano molti anni di esperienza nella valutazione e nella realizzazione di investimenti sostanziali per sé stessi ed i loro clienti. Ma il consulente di maggior successo aveva sviluppato una lista di controllo di domande essenziali da porre e test da applicare ad una proposta di investimento prima di prendere una decisione.

L'altro consulente usava molte delle stesse tecniche e tattiche per valutare un investimento, ma lavorava seguendo solo la propria intuizione ed esperienza. Di conseguenza, si è spesso perso dei dettagli quando non avrebbe dovuto.

Ecco l'interessante punto sollevato da Gawande: il primo consulente aveva costantemente più successo del secondo. Ma, in varie occasioni, ha commesso errori e ha perso denaro.

Il motivo era invariabilmente lo stesso. Non aveva analizzato la sua checklist. Aveva omesso uno o due punti vitali della sua lista di considerazioni importanti. Quando tornò a seguire meticolosamente la sua lista di controllo, il suo record di investimenti migliorò significativamente.

Il metodo sistematico di risoluzione dei problemi.

Passaggio 1: definire chiaramente il problema o l'obiettivo.

Definisci chiaramente il problema o l'obiettivo, per iscritto, su una pagina di fronte a te. Se lavori con un gruppo, scrivi e riscrivi il problema o l'obiettivo su una lavagna fino a quando tutti concordano: "Sì. Questa è la definizione corretta del problema."

Negli affari, lo sviluppo della corretta definizione del

problema fa spesso apparire ovvia la soluzione.

Passaggio 2: "Quali altri problemi abbiamo?"

Dopo aver definito chiaramente il problema o l'obiettivo, ci si chiede: "Quali altri problemi abbiamo?"

Fai attenzione a qualsiasi problema per il quale esiste una sola definizione. Definire e ridefinire il problema in diversi modi può renderlo più suscettibile alla soluzione corretta.

Non c'è nulla di peggio di trovare un'ottima soluzione al problema sbagliato, o ad un problema che non esiste.

La filosofia di ogni azienda e dirigente di successo è: "Miglioramento continuo e senza fine" (dal famoso termine giapponese *Kaizen*).

Esci audacemente dalla tua zona di comfort. Cerca continuamente modi nuovi, migliori, più veloci ed economici per raggiungere i tuoi obiettivi ed avanzare.

Preparati a fallire più e più volte quando stai sviluppando o introducendo nuovi prodotti, servizi, metodi o strategie. Niente funziona mai come pensi che accadrà. Sperimenterai continue frustrazioni, difficoltà, battute d'arresto e fallimenti temporanei sulla strada del successo.

A Thomas J. Watson Sr., fondatore di IBM, una volta fu chiesto come avere successo più velocemente. Egli rispose: "Se vuoi avere successo più velocemente, devi raddoppiare il tasso di fallimento. Il successo sta nell'estremo opposto del fallimento."

In realtà, non esiste il fallimento. C'è solo *feedback*. Le difficoltà non sono pensate per ostacolare, ma per istruire. La formula è sempre la stessa: provare, riprovare e quindi provare qualcos'altro.

Capitolo 8.

Il diagramma Fishbone

Il diagramma Fishbone è uno strumento semplice che consente di comprendere rapidamente ed efficacemente le cause di un problema, per perseguire azioni correttive.

Spesso indicato come diagramma di causa-effetto, o Ishikawa, è un semplice strumento di analisi della causa alla radice del problema che viene utilizzato per problemi particolari o di *brainstorming*. Spesso viene utilizzato insieme allo strumento dei "5 Perché".

In un diagramma Fishbone, le varie cause sono raggruppate in categorie e scendono dalle categorie principali, scorrendo verso l'effetto, formando qualcosa che ricorda una lisca di pesce.

Il compito principale è quello di fare *brainstorming* di tutte le possibilità che potrebbero causare il problema e quindi approfondire il/i fattore/i che stanno causando questo problema. Una volta trovati, eliminali. Questo ti permetterà di concentrarti sul motivo per cui si verifica il problema e non sulla cronologia o sui sintomi del problema, o su altri argomenti che si discostano dall'intento della sessione. Inoltre, questo metodo mostra anche una "istantanea" in tempo reale degli input collettivi.

Come si crea un diagramma Fishbone?

Disegna una casella di grandi dimensioni a destra della lavagna e scrivi la descrizione del problema nella casella. Sii il più chiaro e specifico possibile sul problema.

Ora traccia una linea che va da sinistra a destra, come fosse la "colonna vertebrale" del pesce, collegandosi alla descrizione del problema.

Disegna le "lische di pesce" che partono dalla colonna vertebrale. Queste rappresentano le principali categorie di cause.

Ora etichetta ogni categoria. Ci sono due opzioni qui: puoi utilizzare le categorie di cause generiche di Persone, Metodo, Macchina, Materiale, Ambiente – opzione più semplice per un gruppo che non ha mai fatto questo esercizio - oppure puoi fare il *brainstorming* delle principali categorie relative al problema specifico.

Ora esegui un *brainstorming* su tutte le cause del problema. Puoi usare l'approccio di scrivere ogni causa su vari post-it, andando in giro per il gruppo e chiedendo a ogni persona una causa. Continua a fare il giro, ottenendo cause fino a quando tutte le idee saranno esaurite.

Per ogni causa, concorda con il gruppo in quale categoria deve rientrare il problema (un problema può rientrare in un certo numero di categorie) e continua questo processo fino a quando il gruppo non ha esaurito le idee.

Successivamente, fai in modo che ogni individuo della squadra, a turno, metta un segno di riscontro sulle prime tre cause che ritengono influenzino il problema. Puoi utilizzare i dati di supporto per aiutarti a decidere, se disponibili.

Una volta completato, somma tutti i conteggi per ciascuna causa e seleziona le prime tre con il punteggio più alto. Questi tre problemi costituiranno ora la base di ulteriori indagini, al fine di trovare la causa principale. Il team può quindi approfondire ulteriormente queste cause ed utilizzare tecniche di risoluzione dei problemi per eliminare le loro occorrenze.

- Ricorda, come per qualsiasi attività, di chiudere sempre la sessione con un'agenda per il futuro - "Chi sta facendo cosa entro quando?". Questo è importante, poiché mantiene i team concentrati sul progetto.

- Individua le persone responsabili e fai sintetizzare l'evento, comprese le azioni e i risultati.

- Programma revisioni periodiche con il team, per verificare lo stato attuale rispetto al piano d'azione e lavorare sui modi per riportare le attività in carreggiata se sono in ritardo. Tieniti aggiornato su tutto!

- Assicurati che ogni compito ed ogni informazione siano chiari e concisi, in modo che ogni membro del team capisca cosa ci si aspetta da lui.

Il metodo 5W2H.

Non farti spaventare dalla sigla: il metodo 5W2H è un

metodo di facile applicazione e che può portare enormi benefici a più livelli, sia nella vita personale che sul lavoro. È un metodo molto agile ed adattabile, che viene normalmente utilizzato in ambito aziendale ma che aiuta tantissimo anche il singolo individuo nella risoluzione di problemi di diversi gradi di importanza.

Il suo nome è un acronimo inglese che sta per: 5 W's and 2 H's, ovvero 5 Perché e 2 Come. Mai acronimo fu più azzeccato: questo metodo di problem solving si serve proprio di sette domande per aiutarci a giungere alla soluzione del problema, cinque mirate a indagare le cause del problema e due a come approcciarlo.

Lo schema di questo metodo è dunque il seguente:

- What
- Why
- When
- Where
- Who
- How
- How much

Vediamo step by step come utilizzare questo metodo per "scomporre" un problema e instradarci verso la sua conclusione. A livello grafico il suo utilizzo è molto semplice: è sufficiente realizzare una tabella a doppia entrata, la colonna di sinistra conterrà le sette domande e in quella di destra andremo a scrivere le risposte. Una volta terminata la prima fase di analisi, si può aggiungere una terza colonna in cui a ogni risposta faremo corrispondere una possibile soluzione.

What/Cosa?

Cosa è successo? Qual è il problema? Dobbiamo rispondere a questa domanda descrivendo sinteticamente, ma dettagliatamente, il problema. È necessario essere quanto più accurati possibile nella descrizione del problema.

Why/Perché?

Perché si è verificato questo problema? In questa fase bisogna dare libero sfogo ai propri ragionamenti e ipotizzare tutte le possibili cause.

When/Quando?

Quando si verifica il problema? Questa domanda serve ad analizzare la frequenza del problema e le circostanze temporali in cui esso si è presentato o si presenta. È una domanda cruciale poiché capire le circostanze in cui si presenta un problema ci permette di essere avvantaggiati riguardo alla sua soluzione.

Where/Dove?

Dove si verifica il problema? Anche questa domanda mira a concentrare ulteriormente l'attenzione su specifiche cause, restringendo il campo d'indagine.

Who/Chi?

Chi o cosa causa il problema o ne viene impattato?

Anche in questo caso, essere quanto più specifici possibile ci permette di formulare opportune correlazioni e restringere ancor di più il nostro campo d'indagine.

How/Come?

Come appare il problema? Una efficiente fase di analisi e descrizione delle caratteristiche del problema è di vitale importanza per iniziare a formulare una ipotetica risoluzione.

How much? Quanto?

Quanto costa il problema? Questa è la fase finale di analisi del problema, la definizione del suo impatto economico.

Portata a termine questa analisi, si possono utilizzare le medesime domande per impostare la fase di risoluzione del problema. La domanda "cosa è accaduto?" diventerà allora "cosa deve essere fatto ora?", così come quella relativa a "chi è coinvolto nel problema?" diventerà "chi si deve occupare della sua risoluzione?", e via dicendo.

Il metodo 5W2H è un rapido ed efficace strumento anche per la pianificazione di interventi semplici di risoluzione problemi. Un esempio può essere quello in cui in casa bisogna effettuare un acquisto di beni necessari, in un tempo piuttosto stretto. È sufficiente prendere un foglio, scrivere le 7 domande attorno al problema e provvedere a stilare le risposte, una per una.

Ci ritroveremo così con un piano d'azione che non lascia nulla al caso: se qualcosa ci era sfuggito in prima istanza, con questo metodo di indagine e pianificazione saremo sicuri di esaminare tutte le sfaccettature della questione.

Ecco un esempio pratico:

Problema: acquisto di un nuovo computer

Strategia di risoluzione 5W2H:

- Cosa bisogna acquistare? → Un computer desktop
- Perché va acquistato? → Perché serve a uno dei figli per svolgere attività didattiche
- Quando va acquistato? → Entro 7 giorni al massimo
- Dove va acquistato? → Preferibilmente in un grande magazzino al fine di trovare prezzi competitivi
- Chi lo deve acquistare? → Il padre o la madre, a seconda della disponibilità oraria
- Come deve essere acquistato? → Bisogna pagarlo con pagamento elettronico e farsi lasciare fattura per poterlo detrarre come spesa per l'istruzione
- Quanto costa acquistarlo? → L'acquisto ipotizzato deve stare nel range 300-600 euro

Il principio di Pareto (80/20)

Vilfredo Pareto è stato un sociologo ed economista italiano vissuto nella seconda metà dell'Ottocento. A lui si deve l'idea alla base del cosiddetto "principio di Pareto", secondo il quale *"la maggior parte degli effetti è dovuta a un numero ristretto di cause"*. Secondo Pareto, infatti, circa l'80% degli effetti è attribuibile al 20% delle cause: questa osservazione di tipo statistico trova riscontro in tantissimi campi.

Il principio 80/20, dunque, nel corso degli anni ha conosciuto una crescente fortuna anche nel campo del problem solving. Si è sperimentato che utilizzare un diagramma – il diagramma di Pareto, appunto – per analizzare un certo insieme di dati aiuta nella ricerca delle variabili in grado di influenzare un risultato. In molte realtà aziendali il diagramma di Pareto viene utilizzato in maniera abituale; noi ci limiteremo in questa sede a riflettere sul principio 80/20.

In alcune situazioni, quando non si sa che pesci pigliare con il ragionamento, conviene ricordarsi del principio 80/20 e utilizzarlo come "lente" attraverso cui interpretare la realtà. È una legge che si basa sui grandi numeri ed è un principio statistico, ma vale sempre la pena utilizzare anche il principio 80/20 nella determinazione delle cause del problema o della situazione che ci troviamo ad analizzare. Sfrondare le possibili cause e ridurle a un lotto ben definitivo può darci la spinta per analizzare la questione in maniera più approfondita, magari utilizzando una delle tecniche illustrate in precedenza.

Il principio 80/20 può essere applicato nella vita quotidiana e lavorativa: ricordati sempre, infatti, che qualsiasi sia il tuo obiettivo l'80% dei risultati viene dato dal 20% dei tuoi sforzi. Vuoi perdere peso e tornare in forma? Concentrati sul tuo 20%: per esempio, camminare per 30 minuti ogni giorno con costanza e determinazione apporterà più risultati rispetto allo stressarsi per seguire una dieta impossibile. Vuoi far crescere la tua azienda? Sappi che l'80% degli introiti viene generato dal 20% dei tuoi prodotti; identifica quindi i tuoi prodotti migliori e concentrati su di essi.

Il brainstorming

Sai cos'è davvero il brainstorming? Siamo talmente abituati ad usare questo termine nella vita di tutti i giorni che molti di noi non si sono mai chiesti cosa significhi veramente. Sgombriamo subito il campo da un equivoco molto comune: il brainstorming non è un flusso di pensieri e idee incontrollato. Molti pensano che sia così, ma in realtà il brainstorming è un metodo di problem solving che ha delle sue regole e, se si vuole trarre il meglio da esso, bisogna osservarle.

La tecnica del brainstorming è stata messa a punto circa nella metà del Novecento da un pubblicitario americano, Alex Osborne. È una tecnica che viene applicata principalmente in campo creativo, campo in cui ha conosciuto le sue maggiori fortune, ma nulla impedisce di servirsene anche per la risoluzione di problemi strettamente pratici. Si serve del pensiero divergente e di quello convergente per produrre un'idea vincente, quella che "sopravviverà" alla tempesta di idee che una sessione di brainstorming produce.

Il primo requisito fondamentale per applicare la tecnica del brainstorming è quello di avere un gruppo: si può fare anche da soli, non è vietato, ma la sua efficacia ne risente fortemente. Se si è da soli il trucco è quello di concentrarsi sull'uso del pensiero divergente prima e, dopo un'attenta analisi delle idee prodotte, di restringere il campo facendo uso del pensiero convergente.

Il brainstorming dà il meglio di sé quando vede coinvolto un gruppo di persone. Il gruppo viene moderato, per così dire, da un conduttore, che ha il compito di stimolare le idee dei partecipanti e annotarle tutte, seguendo le fasi del processo.

Poniamo che si debba trovare la soluzione a un problema. Dobbiamo dunque uscire dalla nostra sessione di brainstorming con un'ipotesi quanto più valida possibile. Nella prima fase i partecipanti vengono invitati a servirsi del pensiero divergente per produrre il maggior numero di ipotesi, senza censurare quelle improbabili, assurde, strampalate: la stimolazione del pensiero divergente è fondamentale. Il conduttore annota tutte le idee, che possono essere proposte a seconda di come vengono alla mente dei partecipanti, senza cioè rispettare un turno di parola.

A questa prima fase fa seguito una fase critica in cui il gruppo viene invitato ad eliminare le ipotesi giudicate meno valide. Il conduttore quindi provvederà a cancellarle dalla lavagna/eliminare i post-it su cui le aveva annotate. La fase critica è molto importante e, a differenza di quella del pensiero divergente, non deve essere approcciata con impulsività o in base all'istinto, ma applicando spirito critico e razionalità.

La fase finale del brainstorming è caratterizzata dal pensiero convergente: il gruppo lavora sulle idee ritenute valide, le approfondisce ulteriormente e ne discute fino a selezionarne una vincente (o un ristretto gruppo, due o tre massimo). Anche in questa fase la collaborazione attiva di tutti i partecipanti è fondamentale: il dialogo va incentivato.

Come accennato, è possibile applicare questa tecnica anche se si è da soli. Bisogna però avere un grande controllo di sé stessi e dei propri processi di pensiero. Bisognerà dunque stimolare al massimo il pensiero divergente, non porsi freni o inibizioni, ed essere poi molto critici e analitici nell'eliminare le idee non valide, per concentrarsi infine su quelle più valide al fine di individuare quella vincente.

Capitolo 9.

Pensiero laterale

Pensare lateralmente significa adottare un approccio creativo ad un problema o una sfida. È una grande abilità da utilizzare nel lavoro e nella vita, tipica dei grandi geni della storia.

Di solito, il pensiero logico viene utilizzato per risolvere i problemi in modo diretto (noto anche come pensiero verticale). Il pensiero laterale, tuttavia, osserva tutto da una prospettiva differente (nota anche come pensiero orizzontale), al fine di trovare risposte che non sono immediatamente evidenti.

Il termine fu coniato per la prima volta dallo psicologo Edward de Bono. Queste competenze sono spesso richieste nelle carriere creative come il marketing o la pubblicità.

Se studi grafica o arte e design a scuola, ci sono buone probabilità che tu abbia già sviluppato alcune di queste abilità, che potranno risultare utili nella tua futura carriera.

Esempi di domande di intervista sul pensiero laterale.

Questo genere di domande è particolarmente apprezzato durante i colloqui di lavoro. Non solo mettono alla prova la tua capacità di pensare in modo creativo, ma possono anche rivelare le tue capacità di *problem solving*. Se sei una persona che si diverte con puzzle o rompicapi, allora potresti già essere bravo a rispondere a questi tipi di domande.

Questo tipo di domanda in un colloquio può talvolta essere difficile da identificare. Se ti viene mai fatta una domanda un po' strana, o che sembra senza senso al primo ascolto, potrebbe essere una domanda di pensiero laterale.

Ecco alcuni esempi di domande basate sul pensiero laterale:

Nomina un'antica invenzione, ancora oggi in uso nella maggior parte del mondo, che consente alle persone di vedere attraverso i muri. Risposta: la finestra.

Una donna australiana è nata nel 1948 ma ha festeggiato il suo sedicesimo compleanno solo di recente. Perché? Risposta: è nata il 29 febbraio.

Oppure potrebbe semplicemente venirti chiesto: puoi darci un esempio di una situazione difficile in cui dovevi pensare lateralmente per uscirne?

Questa domanda è in realtà più difficile di quanto possa sembrare. Un buon punto di partenza potrebbe essere quello di pensare a un momento in cui hai fatto qualcosa di creativo in risposta ad un problema, quindi spiegare come lo hai risolto usando il pensiero laterale.

Come migliorare le tue capacità di pensiero laterale

Mappatura mentale.
La mappatura mentale può essere un ottimo modo per migliorare le tue abilità di pensiero laterale. Migliorare queste abilità può essere impegnativo poiché il pensiero laterale viene più naturale ad alcune persone rispetto ad altre.

Tuttavia, come in ogni ambito, la pratica rende perfetti e può quindi essere utile impostare esempi di pensiero laterale.

Poiché questo tipo di abilità è "situazionale" e si riferisce a un processo di pensiero piuttosto che a qualcosa di fisico (come le competenze IT per esempio), può essere difficile trovare modi per potenziare le tue capacità.

Ecco alcuni esercizi che potresti provare:

- *Mappa mentale.*
Le mappe mentali possono essere un ottimo modo per risolvere un problema quando il pensiero logico non aiuta. Poiché le mappe mentali sono ausili visivi, richiedono al cervello di adattare i suoi processi mentali, e spesso possono aiutarti a trovare risposte inattese. Le mappe mentali ti offrono l'opportunità di mettere tutte le tue idee sulla carta e poi fare un passo indietro per

raccogliere i tuoi pensieri.

- Usare i tuoi sensi.

Tutti abbiamo cinque sensi: vista, tatto, udito, olfatto e gusto; ma molto raramente li usiamo per risolvere i problemi. In genere, ci affidiamo principalmente alla nostra vista, ma a volte usare gli altri sensi può portare a risultati sorprendenti.

Ad esempio, di fronte ad un problema, perché non esprimere i tuoi pensieri ad alta voce e registrarli sul tuo cellulare? Quando li riascolti, potresti recuperare qualche dettaglio che altrimenti ti saresti perso.

- Pensiero inverso.

Il pensiero inverso implica l'analisi di ciò che le persone fanno normalmente in una situazione, e quindi fare il contrario. Se ti accorgi di avere un problema così grande da non riuscire a trovare una soluzione, potresti iniziare dalla fine e lavorare all'indietro. Ad esempio, osserva il problema e descrivi quale sarebbe la soluzione ideale per te. Partendo da lì, puoi iniziare a lavorare all'indietro per recuperare il punto di partenza necessario alla tua soluzione.

Il pensiero laterale è un'abilità utile per qualsiasi lavoro, ma ci sono alcune carriere in cui è quasi essenziale. Ecco alcuni esempi di carriere che traggono maggior vantaggio dal pensiero laterale:

- *Pubblicità*.

Le persone che lavorano nella pubblicità usano questo tipo di pensiero per convincerci ad acquistare prodotti. Viene spesso utilizzato nelle pubblicità un po' "diverse", quelle che ci fanno pensare di più e ci rimangono impresse a lungo nella mente.

- *Marketing*.

Gli esperti di marketing devono spesso trovare modi nuovi e creativi per promuovere prodotti e servizi. Sebbene ci siano alcune regole da seguire nel marketing, spesso sono le campagne che rifuggono leggermente da quelle stesse regole quelle ad avere più successo.

Come diventare più creativi nella soluzione dei problemi

Vuoi diventare bravo come Sherlock Holmes a risolvere i problemi? La risposta è scontata: tutti vorremmo essere abili pensatori e solutori. I problemi sono all'ordine del giorno nella nostra vita ed essere in grado di risolverli in maniera veloce, brillante e creativa può aiutarci sotto molteplici punti di vista.

Tendiamo però sempre a pensare che brillanti si nasca, mentre sia difficile se non impossibile diventarlo. Ecco il primo errore da evitare: avere un'idea statica della propria intelligenza. Il secondo errore, molto comune, è pensare che se una tal cosa è sempre stata fatta in un certo modo, bisognerà per forza farla in quel modo. La creatività ci insegna però che esistono innumerevoli modi di risolvere un problema e di fare una cosa: non saranno tutti validi ma potranno essere tutti utili per aiutarci a trovare la *nostra* soluzione al problema.

L'importante, dunque, è saper sfruttare appieno le eterogenee potenzialità della nostra mente. Vediamo qualche semplice consiglio per imparare a farlo.

- Coltiva ogni giorno la tua intelligenza.
L'intelligenza è incrementale, lo sapevi? Abili si diventa, a prescindere dalle predisposizioni con cui si nasce. La chiave del successo nella vita è l'impegno, ed esso è alla portata di tutti; se non sai come fare una cosa, trova un modo per imparare e poi impegnati a farla. È così tanto semplice che sembrano consigli banali o scontati: eppure non lo sono, tante persone ogni giorno gettano la spugna perché "tanto non sono capace".

Chi possiede un'idea statica dell'intelligenza e delle proprie abilità ("non sono molto intelligente", "non sono portato per questa attività", "sono sempre stato un disastro in questa disciplina") finirà per confermare la propria idea, rimanendo fermo esattamente dove si trova. Non troverà mai la spinta per diventare più abile di quanto è: *crede* di non potersi migliorare.

Chi invece possiede un'idea incrementale dell'intelligenza farà qualcosa ogni giorno per diventare una persona sempre più abile. Avrà un atteggiamento proattivo nei confronti delle sfide e delle novità, capirà il valore dell'impegno personale e sarà motivato di fronte a nuove esperienze, forte della convinzione che con i giusti mezzi e il necessario impegno *potrà farcela.*

Dunque, se vuoi essere più simile a Sherlock Holmes, inizia oggi stesso a studiare! Leggere questo libro è già il primo step del percorso giusto. Informati, interessati, approfondisci nuovi ambiti. Studia, spinto dalla curiosità e dall'interesse. Acquisirai nuove conoscenze e ogni nuova conoscenza ti renderà un po' più abile di prima.

- *Non dare mai nulla per scontato.*
Sai perché la maggior parte delle persone rimane invischiata nei problemi senza trovare soluzioni valide? Perché ripete sempre i medesimi procedimenti. E, così facendo, perde sempre gli stessi dettagli che è abituata a non analizzare, poiché li dà per scontati.

Quando ti trovi all'interno di una situazione che non sai come interpretare, dopo aver applicato i metodi di ragionamento abituali, prova a concentrarti su tutto ciò che consideri ovvio, sottinteso, scontato. Potresti trovare un vero tesoro!

Qual è una delle abilità migliori di Sherlock Holmes, del resto? L'osservazione meticolosa. Egli non dà mai nulla per scontato. Mette tutto – anche sé stesso – costantemente in discussione. E proprio facendo ciò, spesso, raccoglie il dettaglio cruciale, quello che gli permette di mettere in moto una catena di pensieri che lo guida letteralmente alla soluzione del mistero.

Avrai un grande nemico contro cui lottare in questo procedimento: la tua stessa mente. La mente "nasce" per semplificarci la vita, anche se spesso non ce ne rendiamo conto, e dunque ama utilizzare schemi, scorciatoie, strutture conosciute. È normale che, di fronte a una moltitudine di possibili vie, essa ti guidi subito su quella conosciuta. Ecco, tu prenditi il tempo di esplorare anche le altre. Per far ciò dovrai andare contro al tuo istinto: ti verrà naturale ripetere sempre gli stessi processi mentali. Sforzati di non farlo, e goditi le sorprese che troverai.

- Procedi a ritroso.
A corto di idee per risolvere il problema? Prova a fare il percorso inverso. Se non riesci a capire come muoverti dal punto in cui sei per giungere alla soluzione, immagina di avere già la soluzione in tasca e ricostruisci, passo dopo passo, il percorso che dalla soluzione ti porta al problema.

È un po' come camminare all'indietro. Ci hai mai provato? Se provi a fare più di qualche semplice passo, ti accorgerai che il tuo corpo ha bisogno di riprogrammarsi e di sfruttare i sensi come non è abituato a fare per un'azione semplice quale camminare. Lo stesso avviene nella tua mente quando approcci la risoluzione di un problema all'incontrario: stimoli connessioni neurali nuove, utilizzi il pensiero divergente, ti apri insomma a nuove possibilità di soluzione... che è proprio ciò che stavi cercando.

A volte per stimolare il pensiero laterale basta un piccolo gesto, proprio come questo cambio di prospettiva. Basta poco per destabilizzare la mente e forzarla fuori dai suoi soliti percorsi. E proprio fuori dal sentiero che sei abituato a percorrere potrai forse raccogliere i frutti migliori.

- *Cambia la domanda.*

Sei bloccato da tempo da una domanda a cui non riesci a trovare risposta? Ovvero un problema la cui soluzione ti sfugge? Prova a cambiare la domanda. No, non ti sto suggerendo di buttarti alle spalle il problema e non pensarci più. Bensì di stimolare la creatività della tua mente giocando con la domanda, variandola dapprima di poco, poi sempre di più fino a trovarti a esplorare punti di vista che non avevi considerato. Aumentando le tue chance di risolvere il problema.

Spesso la nostra incapacità di risolvere un problema è legata al fatto che il quesito è formulato male. Un po' come quando, a scuola, l'insegnante ci viene incontro facendoci domande aggiuntive se abbiamo fatto scena muta alla prima. A volte il solo fatto di porre la domanda diversamente "risveglia", per così dire, la conoscenza in noi.

Ti sei mai chiesto il perché? Il motivo è che la nostra mente adora pensare attraverso schemi preordinati. Questo perché se ne serve per archiviare le conoscenze all'interno della nostra memoria: un sistema di informazioni ben organizzato è più facile da "maneggiare" per la nostra mente, che non ha grosse difficoltà ad accedere a quel sistema ogni qual volta, nella vita, ne avremo bisogno.

Dunque a volte una domanda può non essere posta nella maniera giusta *per noi*. Può non risvegliare niente nella nostra testa: la nostra mente non si attiva correttamente alla ricerca delle informazioni che le servono all'interno della nostra memoria. Funziona così anche nel problem solving: una domanda che non "risuona" dentro di noi, che non stimola i nostri processi mentali, potrebbe essere posta in maniera non corretta per noi.

Non resta altro da fare, allora, che ribaltarla: cambiala, modificala, gira la prospettiva, altera qualche parametro quel tanto che basta per permetterti di vedere il problema e la situazione sotto un diverso punto di vista. Potrebbe essere il punto di vista che stavi cercando per giungere alla soluzione del problema.

- *Coltiva l'assurdo.*
L'ultimo consiglio che mi sento di darti per migliorare il tuo approccio creativo alla risoluzione dei problemi è quello di coltivare con costanza un po' di assurdo all'interno della tua vita. Non sto parlando di iniziare di sana pianta a comportarti come un pazzo ma di fare spazio nella tua testa per l'assurdo, il paradossale, l'illogico, l'inaspettato.

Avrai ormai capito che uno dei migliori modi per sfruttare appieno le capacità della nostra mente è quello di forzarla a lavorare come non è abituata a fare. La nostra mente è uno strumento dalle potenzialità infinite, noi però la usiamo sempre nella stessa, vecchia maniera! Approcciamo tutto da un punto di vista logico. Questo è un bene, perché l'approccio logico e scientifico ci ha permesso di sopravvivere fino a oggi come specie umana, e ci ha fatto fare passi da gigante in molti campi.

A volte però attenersi alla stretta logica non è sufficiente. Ci sono cose che richiedono uno sforzo aggiuntivo per essere comprese. Problemi che richiedono tutta la nostra creatività per essere risolti. È buona pratica, dunque, abituarci a pensare fuori dagli schemi: questa abilità può essere coltivata imparando a far spazio all'assurdo nella propria mente.

Un semplice esercizio che puoi fare è quello di trovare cento soluzioni assurde a un problema. È anche un esercizio rilassante, che ti permette di staccarti un attimo dalla realtà del problema e goderti la sensazione molto appagante della possibilità di risolverlo facilmente. Ti faccio un esempio molto banale: il problema è che la macchina non si mette in moto e tu devi andare al lavoro. Come risolverlo?

Praticando la tecnica dell'assurdo, potresti annotare come prima idea quella di "far sollevare l'auto da un elicottero e raggiungere il lavoro volando". Sono sicuro che puoi fare anche di meglio. Dai libero sfogo al tuo pensiero e annota una dopo l'altra le idee assurde che ti vengono in mente. Non aver paura di esagerare: più esageri, meglio è. Il trucco è proprio quello: frequentando territori mentali *assurdi*, permetti alla tua mente di attingere a idee e stimoli inconsueti. Che possono poi tornarti molto utili per la soluzione *reale* del problema. Ti permetti, in ultima analisi, di diventare più creativo.

Un altro esercizio semplice e veloce – nonché divertente – per stimolare la creatività della mente si basa sull'immaginazione. La facoltà immaginativa è importantissima per la nostra mente: sostiene molti processi mentali tra cui quelli, importantissimi, della memoria. Imparare a visualizzare le situazioni correttamente può fare la differenza tra un problema risolto e uno che rimane lettere morta.

L'esercizio consiste nel sedersi tranquilli e osservare un oggetto, una bottiglia ad esempio. Dopodiché chiudere gli occhi e immaginare che la bottiglia possa plasticamente trasformarsi in un altro oggetto, e poi un altro ancora, e via così seguendo la mente libera di creare. Può sembrare un esercizio banale ma è un toccasana per la mente creativa.

Questi semplici esercizi hanno lo scopo di farti prendere confidenza con l'assurdo. Fantasticare, immaginare, visualizzare sono attività che troppo spesso vengono associate alla futilità; non sono perdite di tempo, tutt'altro, sono utili modi per allenare la propria creatività e aiutare la mente ad espandere le sue risorse. Risorse che, poi, potranno tornare utili nei più convenzionali e anche noiosi ambiti per risolvere problemi molto concreti.

Capitolo 10.

Indovinelli e quiz che sfruttano il pensiero laterale

In breve, il pensiero laterale implica guardare il problema da una prospettiva diversa. Se non ti è ancora chiaro, ecco i 6 migliori esempi classici di come funziona esattamente il pensiero laterale.

1) Un uomo vive all'ultimo piano di un edificio molto alto. Ogni giorno porta l'ascensore al piano terra per lasciare l'edificio ed andare al lavoro. Al ritorno dal lavoro però, può viaggiare solo fino a metà dell'edificio con l'ascensore e deve camminare per il resto del percorso, a meno che non piova! Perché?

(Questo è probabilmente il puzzle di pensiero laterale più conosciuto e celebrato. È un vero classico. Sebbene ci siano molte possibili soluzioni che si adattano alle condizioni iniziali, solo la risposta canonica è davvero soddisfacente.)

Soluzione: L'uomo è una persona di bassa statura. Non può raggiungere i bottoni alti dell'ascensore e quindi chiede alla gente di premere il 12° piano per lui. Può raggiungere quel bottone anche usando il suo ombrello.

2) Un uomo e suo figlio hanno un incidente d'auto. Il padre muore sulla scena, ma il bambino viene portato d'urgenza in ospedale. Quando arriva il chirurgo dice: "Non posso operare questo ragazzo, è mio figlio!" Come può essere?

Soluzione: è la madre.

3) Un uomo nero, un po' ubriaco, vestito di nero, con una maschera nera sta barcollando in mezzo ad una strada dall'asfalto nero, proprio dietro una curva. La strada è completamente deserta, i lampioni sono spenti, in cielo non c'è luna e le stelle sono oscurate da nuvole nere. Le case ai fianchi della strada sono tutte dipinte di nero, hanno le finestre chiuse e le luci spente. Improvvisamente, da dietro la curva spunta un'auto nera, con i fari spenti, a tutta velocità. Eppure il conducente riesce, senza nessuna difficoltà, ad evitare con una brusca sterzata l'uomo nero. Come si spiega?

Un suggerimento molto importante: il conducente dell'auto indossava un paio di occhiali neri.

Soluzione: perché è giorno. Per questo tutte le luci sono spente.

4) In mezzo ad una grande foresta fu trovato il cadavere di un uomo completamente vestito da sub. Indossava la muta, la maschera, le pinne, le bombole dell'ossigeno e persino le zavorre. Il lago più vicino era

distante 12 km e il mare distava 150 km. La foresta non era attraversata da alcuna strada e intorno all'uomo non c'era alcun mezzo di trasporto. Solo alberi bruciacchiati.

Soluzione: il sommozzatore stava pescando nel lago senza utilizzare la boa di segnalazione. Un aereo antiincendio, senza che il pilota potesse accorgersene, lo aveva prelevato assieme all'acqua e lo aveva scaricato nella foresta, dove c'era un incendio in corso. L'uomo era morto per la caduta.

5) Un uomo spinge la sua automobile mentre alcuni ragazzi lo guardano senza fare nulla per aiutarlo. Si ferma quando giunge davanti ad un Hotel e a quel punto sa di aver fatto bancarotta.

Soluzione: l'uomo sta giocando a Monopoli.

6) Un uomo entra in un bar e chiede al barista un bicchiere d'acqua. Il barista estrae una pistola e la punta verso l'uomo. L'uomo dice "Grazie" ed esce.

Soluzione: l'uomo entrato nel bar aveva il singhiozzo. E qual è il miglior modo per far passare il singhiozzo? Far prendere un bello spavento.

7) Un uomo sposa 20 donne della sua città ma non viene accusato di poligamia.
L'uomo non è né vedovo né divorziato. La città è una città italiana. In quella città, ovviamente, la poligamia è

vietata dalla legge. L'uomo non appartiene ad una religione che ammette la poligamia, è italiano di nascita e di cittadinanza. L'uomo ha sposato tutte le 20 donne in pubblico, con il loro consenso e davanti ai loro parenti. L'uomo non ha mai tenuto nascosto il fatto di aver sposato 20 donne. L'uomo ha tutte le intenzioni di sposare altre donne. Il colmo è che quasi tutte le donne nubili di quel paese vorrebbero esse sposate da quell'uomo.

Come si spiega?

Soluzione: L'uomo è un prete.

Capitolo 11.

Racconti su Sherlock Holmes

Uno studio in rosso.

La prima edizione di "Uno studio in rosso" di Arthur Conan Doyle ("A Study in Scarlet") è la prima storia avente come protagonisti Sherlock Holmes e la sua fidata spalla, il Dr. John Watson. Fu scritta da Conan Doyle nel 1886.

In questo primo romanzo Watson, medico appena tornato dalla guerra in Afghanistan, decide di continuare a lavorare, e di condividere un appartamento al 221B di Baker Street con una persona indicatagli da un suo amico. Tale persona si rivela essere proprio Sherlock Holmes, incontrato per la prima volta in un laboratorio e che subito dà prova di non essere una persona comune.

Ben presto Watson viene a conoscenza dell'attività di investigatore privato di Holmes, che lo porta a ricevere decine di clienti nel suo studio, e ha modo di indagare insieme a lui su un duplice omicidio dettato da una motivazione passionale.

Un'opera fondamentale, poiché oltre a presentare al lettore i due protagonisti del canone holmesiano, descrive anche l'ambientazione principale di molte delle

storie successive: Londra. La vera e propria terza
protagonista delle storie di Sherlock Holmes.

L'ultima avventura (Il problema finale).

Le storie successive ad "Uno studio in rosso" che
vedono protagonista Sherlock Holmes si rivelano essere
un enorme successo, ma Conan Doyle è insoddisfatto di
questa situazione, in quanto preferirebbe concentrarsi
su altre opere di carattere storico. E decidere così di
liberarsi una volta per tutte del suo personaggio... o
almeno così crede.

"L'ultima avventura" (noto anche con il nome di "Il
problema finale") viene pubblicato nel dicembre 1893
sullo Strand Magazine. In questa storia Holmes
incontra il suo più formidabile avversario, il professor
James Moriarty, un uomo che dietro la facciata di uomo
rispettato della società londinese, nasconde in realtà una
mente criminale, con capacità di deduzione pari a quelle
di Holmes, sebbene sfruttate per fini opposti.

Con fatica, Holmes raccoglie prove su di lui e
sull'esistenza della sua organizzazione, fino a uno
scontro decisivo in Svizzera, presso le Cascate
Reichenbach, dove i due contendenti ingaggiano un
ultimo duello, al termine del quale precipitano entrambi
nelle cascate

Seppur apparso in quest'unica storia (e apparendo in
ultima analisi solo in un flashback), il carisma di
Moriarty è stato tale da renderlo l'avversario principale
di Holmes in molti film e telefilm che hanno visto
protagonista il detective inglese.

Il mastino dei Baskerville

I lettori non gradiscono affatto l'epilogo de "L'ultima avventura" e negli anni successivi sommergono Conan Doyle di lettere (alcune delle quali con toni poco gentili), chiedendogli di riportare sulla scena Sherlock Holmes. Lo scrittore decide infine di accontentarli con un nuovo romanzo, seppur ambientato prima degli eventi dell'ultima storia pubblicata.

"Il mastino dei Baskerville" è stato in origine pubblicato a puntate tra il 1901 ed il 1902 sullo Strand Magazine. Sherlock Holmes e Watson indagano sulla misteriosa morte di Charles Baskerville, sulla cui famiglia grava una strana maledizione, che vede da secoli i maschi della famiglia uccisi da un gigantesco cane spettrale. L'ultimo erede di famiglia, Henry Baskerville, è per questo in grave pericolo di vita.

Holmes scopre infine che dietro a leggende e spettri si nascondono in realtà uomini motivati da intenzioni terrene e criminali.

Con il suo incredibile mix di realismo e suspense, "Il mastino dei Baskerville" è con ogni probabilità la storia che ha ricevuto più adattamenti televisivi e cinematografici negli anni successivi alla sua uscita.

L'avventura della casa vuota.

I lettori non sono ancora soddisfatti, vogliono altre storie di Sherlock Holmes. Anche l'editore spinge in tal senso. E Arthur Conan Doyle (con ogni probabilità convinto da un buon riscontro economico) decide di accettare.

"L'avventura della casa vuota" è un racconto pubblicato nel 1903 sul Collier Magazine. Contro ogni previsione, Sherlock Holmes è sopravvissuto allo scontro con Moriarty e ha passato tre anni in giro per il mondo al solo scopo di smantellare la sua organizzazione criminale ed inchiodare i suoi complici.

L'ultimo di essi è Sebastian Moran, un abile cecchino che, consapevole del ritorno di Holmes, intende eliminarlo al più presto, ma cade vittima di un'elaborata trappola concepita dall'investigatore. Questa storia è con ogni probabilità il primo caso in cui i lettori hanno deciso parte del percorso narrativo di un personaggio di fantasia.

L'ultimo saluto

Doyle scrive ancora per molti anni numerose altre storie di Sherlock Holmes. "L'ultimo saluto" è un racconto pubblicato nel 1917 ancora sullo Strand Magazine. In esso Holmes e Watson smantellano una rete di spie tedesche, all'alba della Prima guerra mondiale. Ma come tutti sappiamo questa storia non è stata davvero "l'ultimo saluto" di Sherlock Holmes. Holmes è "vivo" ancora oggi, è sopravvissuto al suo stesso creatore, e passerà ancora molto tempo prima di risolvere il suo... problema finale.

Capitolo 12.

Scienze forensi

Tra l'invenzione del romanzo poliziesco ad opera di Edgar Allan Poe, con "*I delitti della Rue Morgue*" nel 1841, e la prima storia di Sherlock Holmes di Arthur Conan Doyle, "*Uno studio in rosso*" nel 1887, il caso e la coincidenza hanno avuto un ruolo importante nella narrativa criminale. La storia di Wilkie Collins, "*Who Killed Zebedee?*" (1881), è solo uno dei tanti esempi del genere.

Ma Conan Doyle decise che il suo investigatore avrebbe risolto i casi usando la ragione. Prendendo spunto dalla trama scritta da Poe, Conan Doyle ha modellato Holmes in parte proprio sul detective di Poe, C. Auguste Dupin. Ma Conan Doyle ha reso Holmes un uomo di scienza ed un innovatore di metodi forensi. Holmes è così all'avanguardia nella rilevazione di indizi che ha dato vita a diverse monografie sulle tecniche di risoluzione del crimine. In diversi casi Conan Doyle, estremamente ben formato, descrisse Holmes mentre usa metodi molti anni prima che questi fossero adottati dalle forze di polizia ufficiali, sia in Gran Bretagna che in America. Il risultato finale sono 60 storie in cui la logica, la deduzione e la scienza dominano letteralmente i metodi di rilevazione.

Impronte digitali, macchine da scrivere e impronte di scarpe.

Holmes si rese presto conto del valore degli indizi lasciati dalle impronte digitali. Il primo caso in cui sono menzionate le impronte digitali è "Il segno dei quattro" (1890); Scotland Yard non iniziò a usare le impronte digitali fino al 1901. Trentasei anni dopo, nella cinquantacinquesima storia, "L'avventura dei tre timpani" (1926), le impronte digitali continuano ad essere rilevate. In "L'avventura del Norwood Builder" (1903), la comparsa di un'impronta digitale è la prova chiave nella soluzione del crimine. È interessante notare come Conan Doyle scelse di fare in modo che Holmes usasse le impronte digitali, ma non il Bertillonage (anche chiamato antropometria), il sistema di identificazione inventato da Alphonse Bertillon a Parigi, che ruotava attorno alla misurazione di 12 caratteristiche del corpo. I due metodi hanno gareggiato per l'ascesa nella scienza forense per molti anni. Facendo sì che Holmes usasse le impronte digitali invece del Bertillonage, l'astuto Conan Doyle ha optato per il metodo con il più solido futuro scientifico.

Holmes è stato anche un innovatore nell'analisi di documenti dattiloscritti. Nel caso riguardante una macchina da scrivere, "*Un caso di identità*" (1891), solo Holmes si concentra sul fatto che tutte le lettere ricevute da Mary Sutherland da parte di Hosmer Angel sono dattiloscritte. Fa notare al dottor Watson che nelle lettere di Angel non c'è assolutamente nulla scritto a mano; anche il suo nome viene digitato e non viene applicata alcuna firma. Questa osservazione porta Holmes al colpevole. Ottenendo una nota dattiloscritta dal suo sospettato, Holmes rileva brillantemente le caratteristiche della macchina da scrivere dell'uomo, giungendo alla soluzione del caso. Negli Stati Uniti il Federal Bureau of Investigation (FBI) ha inaugurato la sua sezione di analisi dei documenti nel 1932. Quindi, ancora una volta, Holmes è stato un precursore in questo tipo di rilevamento.

I documenti scritti a mano figurano in nove storie. In effetti, dalla scrittura a mano Holmes è in grado di rilevare il genere della persona ed effettuare alcune deduzioni su di essa. Può confrontare due campioni di scrittura e dedurre se sono stati scritti dalla stessa persona. La sua esperienza è tale che Holmes ha scritto una monografia sulla datazione dei documenti. La sua analisi della calligrafia in "*L'enigma di Reigate*" (1893) è particolarmente efficace: Holmes osserva che la nota incriminante è stata scritta congiuntamente da due persone correlate. Ciò gli consente di dedurre rapidamente che i Cunningham, padre e figlio, sono entrambi colpevoli. In "*The Adventure of Norwood Builder*", Holmes riesce a capire, dalla scrittura, che Jonas Oldacre ha scritto il suo testamento mentre si trovava su un treno. Ragionando sul fatto che nessuno avrebbe scritto un documento così importante su un treno, Holmes è convinto della sua falsità. Quindi, sin dall'inizio del caso, Holmes è alle calcagna del vero colpevole.

Un altro strumento forense utilizzato da Holmes è l'analisi dell'impronta della scarpa: il suo primo uso in tale senso avviene nella prima storia (1887), e continua fino alla cinquantasettesima storia. "*Il mistero di Boscombe Valley*" (1891) è risolto quasi totalmente grazie all'analisi delle impronte delle scarpe. Holmes è in grado di analizzare impronte su un'ampia varietà di superfici: terreno argilloso, neve, moquette, polvere, fango, sangue, cenere e persino in una tenda. Ancora una volta, Holmes è talmente esperto da pubblicare una monografia sulla traccia delle impronte, con alcune osservazioni sugli usi dell'intonaco di Parigi come conservatore di impronte.

Cifre e cani.

Holmes risolve anche una varietà di casi utilizzando cifre e numeri. In "*Il mistero della Gloria Scott*" (1893), deduce che solo la terza parola, nel messaggio che spaventa il vecchio Trevor, sia quella che trasmette il messaggio da leggere. Un sistema di codifica simile fu usato nella guerra civile americana, ed era il modo in cui i giovani ascoltatori del programma radiofonico Captain Midnight negli anni '40 decodificavano le informazioni sui programmi in arrivo.

In *"The Valley of Fear"* (1914–1915), Holmes ha un complice all'interno dell'organizzazione guidata dalla sua nemesi, il professor James Moriarty. Quando Holmes riceve un messaggio codificato, deve prima rendersi conto dell'utilizzo di un libro come codificatore. Solo dopo aver dedotto quale libro, sarà in grado di recuperare il messaggio. Questo è esattamente il modo in cui Benedict Arnold inviava informazioni agli inglesi sui movimenti delle truppe del generale George Washington durante la Guerra d'indipendenza americana. Ma l'uso più efficace della crittografia da parte di Holmes si verifica in "L'avventura degli omini danzanti" (1903). La sua decrittazione delle figure stilizzate di omini danzanti, lasciate come messaggio da un uomo misterioso, è realizzata attraverso l'analisi della frequenza. Conan Doyle stava di nuovo traendo ispirazione da Poe, che in precedenza aveva usato la stessa idea in "*Lo scarabeo d'oro*" (1843). La monografia di Holmes sulla crittografia analizza 160 cifre separate.

Holmes è stato anche uno dei primi ad utilizzare i cani per risolvere i crimini. In effetti, Conan Doyle ci fornisce un'interessante serie di storie riguardo ai cani. La frase più famosa in tutte e 60 le storie da lui scritte su Holmes, pronunciata dall'ispettore Gregory in *"Barbaglio d'Argento" (Silver Blaze)*(1892) - "Ma il cane non ha fatto nulla di notte" - è stata direttamente utilizzata in risposta al riferimento di Sherlock al "strano incidente del cane." Gregory è perplesso da questo indizio enigmatico. Solo Holmes sembra rendersi conto che l'inazione del cane è l'indizio: il cane avrebbe dovuto fare qualcosa. In "*L'avventura del Shoscombe Old Place*" (1927), il cane di Lady Beatrice Falder mostra invece il comportamento esattamente opposto: ringhia quando non dovrebbe. In questo caso quindi le azioni del cane sono la chiave della soluzione. In altre due investigazioni Holmes impiega i cani per seguire i movimenti delle persone. In *"Il segno dei quattro"*, il cane (Toby) non riesce a seguire l'odore del creosoto per trovare Tonga, il pigmeo delle Isole Andamane. In "L'avventura dei tre quarti mancanti" (1904), il cane (Pompeo) rintraccia con successo Godfrey Staunton grazie all'odore di anice. Altrove Holmes menziona l'ennesima monografia che sta pensando di scrivere: sull'uso dei cani nel lavoro investigativo.

Il canone dei racconti di Holmes è stato valutato più volte da vari gruppi e quasi ogni volta le prime storie ricevono il punteggio più alto. Anche se è vero che Conan Doyle non voleva più avere a che fare con Holmes, fu costretto dal pubblico a "rianimare" il personaggio dopo averlo ucciso alle Cascate di Reichenbach, "L'ultima avventura" (1893); molto probabilmente, inoltre, non è una coincidenza il fatto che le prime storie contengano più dettagli sulle scienze forensi, presentate in modo affascinante dall'avvincente Holmes.

"Sherlock Holmes e il mastino di Baskerville", il film poliziesco americano uscito nel 1939, adattato dall'omonimo romanzo classico di Sir Arthur Conan

Doyle ("Il mastino dei Baskerville"), è noto per il debutto di Basil Rathbone come Sherlock Holmes, un ruolo che avrebbe definito la sua carriera.

Il detective di epoca vittoriana Holmes e il suo assistente, il dottor Watson (Nigel Bruce), sono chiamati nella tenuta dei Baskerville nelle brughiere coperte di nebbia di Dartmoor, nell'Inghilterra meridionale. Secondo quanto riferito, un gigantesco cane spettrale insegue i locali e uccide gli eredi della tenuta come vendetta della morte di una contadina locale. Gli investigatori sperano di proteggere Sir Henry Baskerville (Richard Greene), l'ultimo erede della tenuta e ultimo della linea dei Baskerville, dal cader preda della stessa maledizione che ha ucciso i suoi predecessori. Fingendo di lasciare la tenuta, Holmes fa scattare una trappola e cattura il vero colpevole: non una bestia omicida ma un vicino bestiale, John Stapleton, un lontano cugino di Sir Henry Baskerville interessato ad ereditare la proprietà e la fortuna della tenuta.

La Twentieth Century-Fox non ha immediatamente riconosciuto il potenziale per una serie redditizia di film su Sherlock Holmes con Basil Rathbone (Holmes) e Nigel Bruce (Watson) come protagonisti. Tuttavia, i due attori hanno continuato a girare insieme più di una dozzina di film su Holmes. Le loro esibizioni sono state ampiamente acclamate dalla critica e sono diventati noti a molti come il duo definitivo Holmes-Watson.

Insomma, Sherlock Holmes è un personaggio che fa

ormai parte dell'immaginario collettivo e difficilmente verrà dimenticato. Le sue abilità, seppur sbalorditive, possono essere apprese ed utilizzate anche da noi comuni mortali per ragionare in modo creativo, efficace ed efficiente. Spero che questo libro ti sia stato utile non solo per scoprire qualche curiosità sul personaggio, ma soprattutto qualche strategia pratica da applicare subito nella tua vita per migliorare le tue capacità mentali.

Altri libri di Roberto Morelli

MEMORIA SENZA LIMITI: Tecniche di memoria ed esercizi mnemonici per risvegliare il cervello, imparare velocemente e diventare più produttivi

Sapevi che molte persone non sfruttano neanche il 10% del loro potenziale di memoria?

In questo libro imparerai come i migliori maestri di memoria del mondo riescono a concentrarsi a piacimento, ogni volta che vogliono. Dopo averlo letto, sarai in grado di concentrarti <u>davvero</u> sulle tue attività e archiviare e richiamare informazioni utili, raddoppiare la tua produttività ed eliminare sprechi di tempo, stress ed errori sul lavoro.

Insomma, in *"Memoria Senza Limiti"* troverai tutti gli strumenti, le strategie e le tecniche necessarie per migliorare la tua memoria.

Ecco un piccolo assaggio di ciò che scoprirai in questo libro:

- Le cattive abitudini che ti impediscono di ricordare facilmente informazioni importanti

- Come dominare la tua attenzione in modo da concentrarti più a lungo, anche durante situazioni difficili o stressanti

- Le tecniche degli antichi Greci per ricordare tutto quello che vuoi (come lunghi elenchi o informazioni che devi ricordare per i tuoi studi o la tua vita personale) senza scrivere nulla

- Come combinare la tua memoria a lungo termine e quella a breve termine per creare un richiamo istantaneo per esami, presentazioni e progetti importanti

- La tecnica mentale semplice e invisibile per ricordare i nomi senza imbarazzo o ansia sociale

- Come i migliori esperti di memoria del mondo riescono a ricordare qualsiasi informazione a volontà, e come **anche tu** puoi imitarli

- Le migliori strategie per ricordare i numeri, le date, i compleanni, i codici PIN...

- Come utilizzare una mappa mentale per bloccare e collegare centinaia o addirittura migliaia di idee nella tua memoria a lungo termine

- E molto altro ancora!

Hai mai stretto la mano a qualcuno per poi dimenticarti il suo nome subito dopo? O ti è mai

capitato di abbandonare una riunione o un appuntamento per poi ricordare un punto chiave che avresti dovuto condividere con gli altri?

Combinando gli insegnamenti degli antichi Greci con pratiche moderne scientificamente provate, *"Memoria Senza Limiti"* ti aiuterà a migliorare la tua capacità di memorizzazione, diventare più produttivo, ed espandere il potenziale del tuo cervello.

Se vuoi saperne di più, inquadra il seguente codice QR con la telecamera del tuo smartphone (si aprirà la pagina del libro su Amazon.it).